On y va! 1

Debbie Anderson

Patrice Chemeris

Karen Edgar

Diane Masschaele

Michael Salvatori

PEARSON
Addison
Wesley

Une rubrique de Pearson Education Canada

Don Mills, Ontario ■ Reading, Massachusetts ■ Harlow, Angleterre
Glenview, Illinois ■ Melbourne, Australie

On y va! 1

Directrice du département de français langue seconde : Hélène Goulet

Directrice de la rédaction : Anita Reynolds MacArthur

Directrice du marketing : Audrey Wearn

Chargés de projet : Andria Long; Maria Christopoulos, Nancy Fornasiero, Jonathan Furze, Elaine Gareau, Lena Gould, Kendra McKnight

Production / Rédaction : Tanjah Karvonen; Nadia Chapin, Louise Cliche, Marie Cliche, Léa Grahovac, Micheline Karvonen

Révisions linguistiques : Christiane Roguet et Édouard Beniak, Pauline Cyr

Coordonnatrice : Helen Luxton

Conception graphique : Zena Denchik

Couverture : Dave Cutler/SIS

Illustrations : Louise Cliche, Deborah Crowle, Nicolas Debon, Tina Holdcroft, Steve MacEachern, Craig Terlson

Photographie : Ray Boudreau

Recherche photographique : Paulee Kestin

Programme audio : Lorne Green, Producers' Choice Studio, Claude Michel, Louise Naubert

Chansons : Étienne, Educorock Productions Inc.

Conception du site Web : Laura Canning

Nous tenons à remercier tout particulièrement les enseignants, enseignantes, conseillers et conseillères pédagogiques et les élèves des classes expérimentales pour leurs précieuses contributions à ce projet.

ISBN 0-201-69786-6

Imprimé au Canada
Ce livre est imprimé sur du papier sans acide.
3 4 5 6   TCP   06 05 04 03

Un merci tout spécial à l'Institut national canadien pour les aveugles, La société canadienne de l'ouïe, Vincent Quinn, Ann Shigeishi et Michelle Vandervecht de Prosthetics/Orthotics (Barrie), Céline Lacroix, Pauline Léonard et John Fluevog Shoes.

Les éditeurs ont tenté de retracer les propriétaires des droits de tout le matériel dont ils se sont servis. Ils accepteront avec plaisir toute information qui leur permettra de corriger les erreurs de références ou d'attribution.

Remerciements

Nous tenons à remercier tous les éducateurs et toutes les éducatrices qui ont participé à notre projet d'expérimentation éditoriale.

Rosa Alfano, Cecil B. Stirling Elementary School
Kim Allen, Homedale School
Marie-Lucie Antonucci, St. Raphael School
Dixie Lee Arbuckle, Brookside School
Aileen Arena, Fairwood Public School
Michèle Babcock, Limestone District School Board
Grace Baio-Iera, St. John School
Deanna Beaupré, St. Joseph's Elementary School
Louise Beausoleil, Killaloe Public School
Suzanne Berezowski, Sir John A. Macdonald School
Meda Bettin, Rockliffe Middle School
Louise Boisvert, St. Anne's Elementary School
Sherry Bortolotti, Mother Teresa Elementary Catholic School
Jennifer Boucher, Wallace Public School
Caterina M. Bova, St. Herbert School
Nicole Brazeau, Pinewood Public School
Patty Brintnell, Exeter Public School
Kathy Busch, Valley Central School
Antonella Calderone, St. Elizabeth Seton Catholic School
Brenda Callaghan, Archie Stouffer Elementary School
Sophia-Marie Carew, Mother Teresa Elementary Catholic School
Sandra Castiglione, Charles H. Best Middle School
Fran Catenacci, Lambton Kent District School Board
Danielle Chester, Mother Teresa Catholic School
Irma Christie, St. Martin Catholic School
Melissa Cole, St. Ambrose Catholic School
Christine Collins-Barkey, Susanna Moodie Elementary School
Andrea Copperthwaite, Henry Munroe Middle School
Kimberly Corbeil, Centennial Public School
Annette Cottone, St. Mark's School
Elaine Coxon, Precious Blood School
René Daigle, Milverton Public School
Lyne Dalton, Adam Scott Intermediate School
Suzanne Daneault, Temagami Public School
Patty Danyluk, William Merrifield VC Public School
Nancy D'Aurora, North Ward Elementary School
Phyllis DiCienzo, St. Mary Elementary School
Elvira Di Gesū, Greater Essex County District School Board
Manuela DiGravio-Basciano, St. Patrick School
Paola DiMenna-Aiello, Queen Elizabeth Public School
Theresa Dorion, Queen Elizabeth II Public School
Joanne Drennan, Blyth Public School
Deb Duncan Peacock, Waterloo Region District School Board

Anne Elderhorst, Victoria Public School
Joanne Famiglietti, St. Anselm School
Étienne Ferland, St. Mary's Elementary Catholic School
Laura Field, Credit View Public School
Rachelle Fitzpatrick, Our Lady of Sorrows School
Robert Fortin, St. Francis de Sales Catholic School
Janet Fox, Queen Mary Public School
Mary Francis, Harris Heights Elementary School
Marco Gagné, St. Joseph's Elementary Catholic School
Jovette Gagnon, Toronto District School Board North
Steve Garrison, St. Paul Elementary Catholic School
Anne Marie Garro, Queen Elizabeth Public School
Monica Genee, Hensall Elementary School
Tina Granato, Connaught Elementary School
Susan Grav, Tyendinaga Elementary School
Marc Groleau, St. Dominic School
Kathy Gruyaert, Plover Mills School
Barbara Guglielmi-Nicolakakos, Cardinal Newman Catholic School
Peter Guillemette, Peel District School Board
JoAnne Guindon, John XXIII Catholic School
Lisa Guthro, Winchester Jr. & Sr. Public School
Barb Hammond, Perth Road Public School
Julie Hancin, Peterborough Victoria Northumberland and Clarington C. D. S. B.
Beth Hazlitt, Colborne Central School
Cheryl Hill-Wisniewski, Rainbow District School Board
Lynda Hinchliffe, Meadowvale Public School
Mary Ann Hogan, Victoria Public School
Sandra House, Cayuga School Support Centre
Nicole Husul, Our Lady of La Salette School
Salvina Iacobucci, St. Herbert School
Annelise Iacoe, River View Public School
Geoff Johnson, Camilla Senior Public School
Heather Juhasz, St. John Elementary School
Suzanne Karwowski, St. Christopher's Catholic School
Sharon Kelly, Elgin Avenue School
Rachid Kherraji, Mariposa Elementary School
Christina Kipfer, Wingham Public School
Teresa Kish, St. Augustine Elementary School
Lise Klemme, Pinecrest Memorial School
Ginette Krantz, Renfrew County District School Board
Diane Lanthier, St. Nicholas Elementary School
Jane Lapko, Canadian Martyrs School
Stéphane Lapointe, Benson Public School
Lise Lapointe-Blain, Sacred Heart Catholic School
Nancy Larocque, St. Catherine Elementary Catholic School
Robert Le Blanc, Immaculate Conception Catholic School
Tanya Leppington, Huron Heights Public School
Josie Longano, St. Therese School
Valerie Magi, Amesbury Middle School

Sarah Malone, St. Mary School
Betty Maloney, St. Joseph's Catholic School
Elaine Marentette, Thames Valley District School Board
Blanca Marmolejo, St. Mary Choir Elementary School
Steve Martel, St. Elizabeth Elementary Catholic School
Lili Martuccio-Pillitteri, St. Michael Elementary School
Jennifer Mason, Turnberry Central Public School
Maria Massarella, Notre Dame Elementary School
Janet Matheson, Welborne Avenue Public School
Anouk Mathieu, Stonecrest Elementary School
Philip J. May, Churchill Public School
Mike Mayes-Stewart, Glen Orchard School
Anna Mazzilli, St. Jude Elementary School
Debbie McClure, Cedar Creek Public School
Sharon McCracken, North Hastings Sr. Elementary School
Jacqueline McDonald, Tyendinaga Public School
Laura McKee, Copper Cliff Public School
Audrey Melick, Zurich Public School
Priska Menzi, Brussels Public School
Jill Mercer, St. Andrew Catholic School
Carol Meyette-Hoag, Kawartha Pine Ridge District School Board
Yvette Michaud, Dublin Heights Elementary and Middle School
Lorraine Carole Millaire, Hollycrest Middle School
Colin Milligan, White Oaks Public School
Martine Mitton, Frank Ryan Sr. Elementary School
Lynn Moir, Georges Vanier School
Sylvie Morel-Foster, Durham Catholic District School Board
Eleri Morgan, Summit Alternative School
Emilia Mrkic, St. Boniface School
Louise Nadeau, Rosslyn Village Campus School
Anna-Maria Narducci, St. Michael Fitzroy School
Lisa Noble, Smithfield Elementary School
Grace Palladini, Breadner School
Chiara Palumbo, St. Francis of Assisi Elementary Catholic School
Nancy Papineau, St. James Elementary School
Roxanne Parent, Ottawa-Carleton District School Board
Yvonne Parker, South Perth Centennial School
Marie Parsons, Avon Maitland District School Board
Ryan Pascoe, St. Therese School
Stéphan Pelland, London Catholic District School Board
Mylène Perron, Holy Family School
Leanne Phillips, Hastings and Prince Edward District School Board
Diane Picard, Oakwood School
Line Picard, Ottawa-Carleton Catholic District School Board
Anna Pizzacalla, St. Peter Catholic School
Marthe Poirier, Sudbury Catholic District School Board
Priscilla Potvin, Allan A. Greenleaf Elementary School
Ria Pratt, J.L. Mitchener Public School

Angela Rancourt, St. Leo Catholic School
Jennifer Reed, Stephen Central Elementary School
Francie Ried-Frisch, Coronation Public School
Lisa Robson, Dundas District Public School
Jean Ellen Rodda, Green Acres Public School
Susan M. Rossmann, John Campbell Public School
Jocelyne Rouillard, St. Andrew's Catholic School
Greg Salter, Echo Place Elementary School
Deborah J. Schnarr, Arran-Tara School
Suzanne Schofield, King George VI School
Sara Sewell, Dresden Area Central School
Lucy Sharp, Our Lady of Fatima Elementary Catholic School
Rachel Shepley, Sandwich West School
Danielle Siebert, Algoma District School Board
Luigi Simone, St. John of the Cross School
Claudette Sims, Hamilton-Wentworth District School Board
Elizabeth Smith, St. Martin Catholic School
Jacqueline Smith, Oneida Central Public School
Sharon Smithies, St. Marguerite Bourgeoys School
Mary Soresi, A. V. Graham Public School
Julie Stanley, Hepworth Central Public School
Pam Steeves, Macaulay Public School
Cynthia St-Jacques, Our Lady of Lourdes Elementary Catholic School
Teresa Stypa, St. Mary Elementary School
Jane Sullivan, Listowel Central School
Mary Ann Susac, St. Paul Catholic School
Ann Sutton, Huron-Perth Catholic District School Board.
S. Joanne Taylor, Glenhaven Sr. Public School
Irene Timpano, St. Alexander School
Carol Trainor, Glenhaven Sr. Public School
Carole Tremblay, Archbishop O'Sullivan Elementary Catholic School
Oriana Trevisan, St. Kevin Elementary Catholic School
Lynn Trewartha, Westminster Public School
Geri Turkoski, William G. Davis Sr. School
Vesna Uremovich, St. Bernadette School
Jennifer Valcke, Straffordville Public School
Jennifer Vaughan, Wyevale Central Public School
Laurence Vignola, Sacred Heart Catholic School
Lynn Wagner, Peel District School Board
Leasa Walters, St. Patrick's Catholic School
Tricia Stefanic Weltz, St. Joseph Elementary School
Linda West, Errol Village School
Deborah White, The Prince Charles School
Janet Wikman, Doon Public School
Holly Wilson, Glenview Sr. Public School
Pam Winters, Mapleridge Sr. School
Gail Wright, Doon Public School
Nancy Yungblut, Elma Public School
Jane Zaroski, Nor'wester View Public School

Table des matières

Galaxie virtuelle

Unité 1

Dans cette unité, tu vas…

PARLER

- de tes activités préférées et de jeux vidéo.

DÉCOUVRIR

- comment imaginer et écrire la fin d'une histoire.

APPRENDRE

- à utiliser un dictionnaire pour bien comprendre un texte.

RÉVISER

- les adjectifs possessifs; les adverbes; les conjonctions;
- l'impératif; les verbes réguliers et les verbes irréguliers au présent (*avoir, être, aller, faire*).

LA TÂCHE FINALE

En groupes, vous allez créer une bande dessinée qui représente la fin d'une histoire. Ensuite, vous allez présenter l'histoire complète à votre classe.

 Visite le site Web à : www.pearsoned.ca/school/fsl

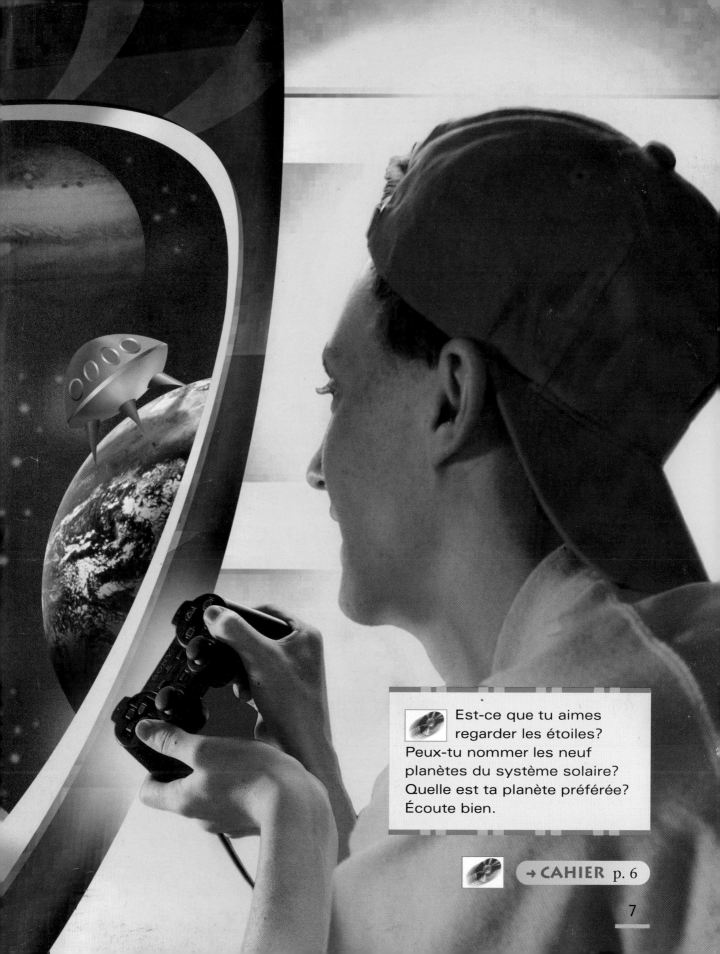

Est-ce que tu aimes regarder les étoiles? Peux-tu nommer les neuf planètes du système solaire? Quelle est ta planète préférée? Écoute bien.

→ CAHIER p. 6

Disparition
à la galerie de jeux...

Avant de lire

- Aimes-tu les jeux vidéo?

- As-tu déjà visité une galerie de jeux?

- Est-ce que tu crois aux extraterrestres?

Stratégie de lecture

Tu peux trouver le sens des mots à l'aide d'un dictionnaire. Dans le texte suivant, utilise un dictionnaire ou le lexique à la fin du livre pour comprendre les nouveaux mots.

 Pour vérifier

À l'oral, mets les phrases suivantes dans le bon ordre.
Regarde le texte *Disparition à la galerie de jeux…*

▨ Paul remarque que Kim a disparu!

▨ Ils commencent à jouer.

▨ Les deux jeunes entrent dans la galerie de jeux.

▨ Paul et Kim choisissent un jeu vidéo.

▨ Paul a besoin de son écran de protection.

→ **CAHIER** p. 7

MOTS-CLÉS

adorer	avoir l'impression de	un bouton
une ceinture de sécurité	chouette	faire attention à
une galerie de jeux	une mission	la navette spatiale
presser	sauver	une sonde spatiale
un tableau de bord	un vaisseau	voyager

Ajoute ces nouveaux mots à ta liste de vocabulaire de base.

→ **CAHIER** p. 8

Comment
ça marche?

Révision

Regarde les phrases suivantes tirées du texte *Disparition à la galerie de jeux…*

■ Je dois mettre **ma** ceinture de sécurité.

■ **Ta** mission est de récupérer la sonde.

■ La Voie lactée est dans **mon** champ visuel.

RÉFÉRENCES : les adjectifs possessifs, pp. 129–131

→ **CAHIER** p. 9

■ J'aime **beaucoup** venir ici…

■ Il y a **trop** de choix!

RÉFÉRENCES : les adverbes, pp. 135–136

→ **CAHIER** p. 9

■ J'aime beaucoup venir ici **parce que** j'adore les jeux vidéo.

■ J'avance vers Mars, **mais** je fais attention : il y a beaucoup d'obstacles **et** la Voie lactée est dans mon champ visuel.

RÉFÉRENCES : les conjonctions, p. 138

 → **CAHIER** p. 10

■ **Regarde** les cratères!

RÉFÉRENCES : l'impératif, p. 142

→ **CAHIER** p. 11

■ Je **voyage** au fond de la galaxie vers des planètes froides.

RÉFÉRENCES : les verbes réguliers, pp. 143–144

 → **CAHIER** p. 12

■ J'**ai** l'impression d'être aux commandes d'un vrai vaisseau.

■ Elle **est** énorme, cette galerie de jeux…

■ Je me demande si je **vais** trouver la sonde…

■ J'avance vers Mars, mais je **fais** attention.

RÉFÉRENCES : les verbes irréguliers, pp. 144–146

 → **CAHIER** p. 13

jouer aux jeux vidéo

A Complète le dialogue suivant avec la bonne forme du verbe au présent.

LOUISE : Moi, en fin de semaine, je (aller) au cinéma ou chez des amis. En hiver, je (faire) du ski mais l'été je (faire) du vélo et de la natation.

ALFRED : Tu (avoir) beaucoup de loisirs! Moi, je ne (être) pas très sportif.

LOUISE : Qu'est-ce que tu (aimer) faire? Quelle (être) ton activité préférée quand tu (avoir) du temps libre?

ALFRED : Je (aller) souvent chez des amis ou au centre commercial. Mais j'(aimer) aussi écouter la radio ou lire.

LOUISE : Est-ce que tu (aller) faire du ski ou de la planche à neige cet hiver?

ALFRED : Non, je ne (aller) pas à la montagne très souvent. Mais je (aller) patiner une fois par semaine.

LOUISE : Est-ce que tu (jouer) au hockey sur glace? C'(être) mon sport préféré! La semaine prochaine, on (aller) jouer ensemble, d'accord?

ALFRED : Bonne idée! Ensuite, nous (aller) aller chez moi : j'(avoir) une grande collection de jeux vidéo. Je (être) très fort!

LOUISE : Moi aussi, je suis forte! Quand je joue avec mes amis, je (gagner) presque toujours!

B Discute de tes activités préférées avec un ou une partenaire. Utilise les phrases de la Partie A comme modèle.

À ton tour

- En groupes de trois, lisez les phrases que votre professeur vous donne.

- Choisissez 15 phrases et mettez les phrases dans l'ordre pour créer une histoire originale.

- Ensuite, écrivez et dessinez votre histoire en bande dessinée sur une feuille de papier.

- Donnez un titre à votre histoire.

- Faites une exposition de vos bandes dessinées.

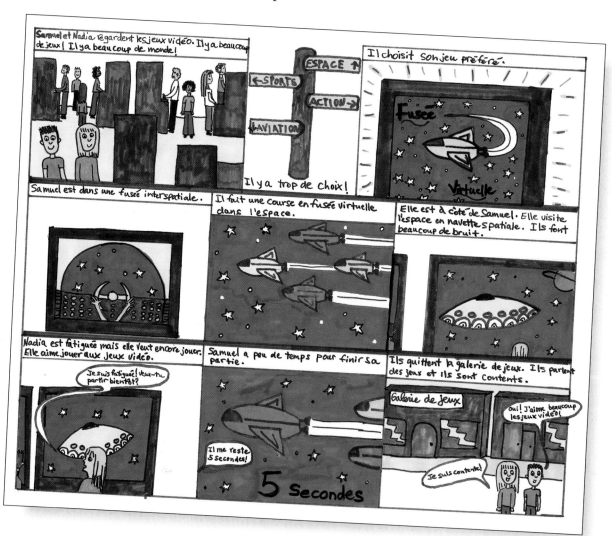

La tâche finale

Disparition à la galerie de jeux... Où est Kim?

- Avec un ou une partenaire, imaginez la fin de l'histoire *Disparition à la galerie de jeux...* Que fait Paul après la disparition mystérieuse de Kim? Où est Kim? Continuez la bande dessinée.

- Imaginez la fin de l'histoire.

- Préparez au moins 15 phrases et corrigez-les ensemble.

- Dessinez votre bande dessinée au propre sur une grande feuille de papier.

 Présentez votre bande dessinée à la classe.

Est-ce que Kim est malade ?

Est-ce que Kim est seule ?

Qu'est-ce que Paul dit quand il trouve Kim ?

Qu'est-ce que Kim porte ?

Paul trouve Kim au téléphone ?

Kim joue à un autre jeu vidéo ?

Kim est avec des extraterrestres?

Kim est dans un trou noir?

Kim rentre à la maison?

Est-ce que Kim est au restaurant ?

Paul trouve Kim dehors?

Est-ce que Kim parle à un autre ami ?

 Visite le site Web à :
www.pearsoned.ca/school/fsl

Le rythme de la vie

Dans cette unité, tu vas…

PARLER

- des formes de rythme dans la vie de tous les jours.

DÉCOUVRIR

- comment écrire une chanson et créer un rythme.

APPRENDRE

- à utiliser l'impératif;
- à utiliser les verbes irréguliers *vouloir* et *pouvoir*;
- à trouver les mots familiers pour comprendre un texte.

LA TÂCHE FINALE

Avec un ou une partenaire, vous allez présenter une annonce publicitaire pour faire la promotion d'un disque compact de votre chanson.

Visite le site Web à :
www.pearsoned.ca/school/fsl

- Écoute le dialogue entre deux élèves.
- Quelle catégorie de son est-ce que chaque photo représente?
- Quels autres sons entends-tu dans ces catégories, dans la vie de tous les jours?
- Quelles sortes de sons est-ce que tu aimes? est-ce que tu n'aimes pas?

l'école　　la maison

la musique　　la nature　　la rue

→ CAHIER p. 17

Une routine rythmée

Parlons!

Avant de lire

▪ Avec quels objets est-ce que tu peux créer des rythmes dans la salle de classe? dans la cuisine?

▪ Comment est-ce que tu peux créer des rythmes avec ton corps?

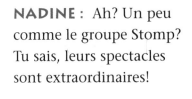

SIMON : Salut Nadine!

NADINE : Bonjour Simon… mais qu'est-ce que tu fais là? …Réponds à ma question!

SIMON : J'aime le rythme mais je ne joue pas d'instrument de musique. Alors, je fais mon propre concert avec des objets ordinaires.

NADINE : Ah? Un peu comme le groupe Stomp? Tu sais, leurs spectacles sont extraordinaires!

Stratégie de lecture

Pour comprendre un texte, tu peux trouver les mots familiers.

Dans le texte suivant, trouve les mots ou les expressions que tu connais déjà.

SIMON : Ah oui! En fait, on peut faire un concert du style Stomp quand on sort les ordures.

NADINE : C'est vrai! Attends! Prends les couvercles des poubelles. Attache les couvercles à tes pieds. Marche pour créer le rythme.

SIMON : D'accord. Et toi, tape la main contre la poubelle.

NADINE : Et quand on fait la vaisselle, on peut continuer le concert! Tiens, prends une cuillère. Frappe la cuillère contre un verre. Hé! hé! Pas si fort! Ne casse pas le verre! Arrête!

SIMON : Oups! Et toi, mets tes mains dans l'eau. Fais des sons aquatiques. Tu peux aussi créer des rythmes avec une casserole et une poêle. Frappe l'une contre l'autre. Tu vois? Ne perds pas le rythme! C'est facile de faire un concert avec des objets à la maison.

NADINE : En plus, on fait deux choses en même temps : on fait la vaisselle et on crée le rythme. Hé, Simon, finissons la vaisselle pendant qu'on est ici.

SIMON : Hmmm… je ne pense pas que les célébrités comme moi font la vaisselle!

MOTS-CLÉS

arrêter	attacher	casser	une casserole	un concert
une cuillère	finir	frapper	marcher	une poêle
une poubelle	répondre	le rythme	taper	un verre

Ajoute ces nouveaux mots à ta liste de vocabulaire de base.

À l'oral, trouve l'expression à droite qui va avec les verbes à gauche.

e **1.** Réponds...   **a)** la vaisselle.

d **2.** Attache...   **b)** pour créer le rythme.

b **3.** Marche...   **c)** la main contre la poubelle.

c **4.** Tape...   **d)** les couvercles à tes pieds.

a **5.** Finissons...   **e)** à ma question.

→ **CAHIER** p. 18

Le rythme de la vie

Paroles et musique : Étienne

Refrain :

C'est le temps de faire du bruit? Ouais!

Même si? Ouais!

C'est interdit? Ouais!

C'est le rythme de la vie? Ouais!

(Alors, commencez.)

Frappe des mains deux fois

Et tape ton pupitre comme ça

Écoute! Touche tes oreilles

Et frappe des pieds!

Refrain

Vous voulez danser? Dansez!

Vous pouvez bouger? Bougez!

Vous voulez chanter? Chantez!

Vous pouvez crier? Criez!

Refrain (bis)

Prenons nos

instruments

Brisons le silence

On veut jouer. Jouons!

On peut finir. Finissons!

Refrain (bis)

© Educorock Productions Inc., 2000

L'impératif

Examine les phrases suivantes tirées du texte *Une routine rythmée* et de la chanson *Le rythme de la vie*.

- **Marche** pour créer le rythme.
- **Ne casse pas** le verre!
- **Réponds** à ma question!
- **Finissons** la vaisselle.
- Alors, **commencez**.

Pour donner un ordre ou pour présenter une suggestion, on utilise l'impératif. Il y a trois formes impératives du verbe.

L'impératif des verbes réguliers ressemble au présent de l'indicatif.

L'impératif des verbes en *-er* comme *marcher* : marche*, marchons, marchez

tu **marches***	→	**marche**
nous **marchons**	→	**marchons**
vous **marchez**	→	**marchez**

*Attention : pour les verbes en *-er*, on enlève le s final de la forme *tu*.

L'impératif des verbes en *-ir* comme *finir* : finis, finissons, finissez

tu **finis**	→	**finis**
nous **finissons**	→	**finissons**
vous **finissez**	→	**finissez**

L'impératif des verbes en *-re* comme *répondre* : réponds, répondons, répondez

tu **réponds**	→	**réponds**
nous **répondons**	→	**répondons**
vous **répondez**	→	**répondez**

RÉFÉRENCES : l'impératif, p. 142

A Tes parents te demandent de faire certaines choses...

EXEMPLE : Laver / la vaisselle → Lave la vaisselle.

1. Finir / tes devoirs
2. Ranger / ta chambre
3. Arrêter / de faire du bruit
4. Aider / ta sœur à sortir les ordures
5. Répondre / au téléphone

une poubelle

B Tes ami(e)s et toi, vous décidez quoi faire vendredi soir. Qu'est-ce que vous dites?

EXEMPLE : Aller / au cinéma → Allons au cinéma!

1. Jouer / aux cartes
2. Regarder / la télévision
3. Choisir / une vidéo
4. Écouter / de la musique
5. Descendre / en ville

C Qu'est ce que le professeur dit à ses élèves?

EXEMPLE : Fermer / les cahiers
Fermez les cahiers.

1. Parler / plus fort
2. Répondre / tout de suite
3. Regarder / vos livres
4. Attendre / mes instructions
5. Finir / le travail

→ CAHIER p. 19

22

À ton tour

■ Fabrique un instrument avec du matériel dans la salle de classe ou à la maison.

■ Consulte le modèle à droite.

■ Ensuite, présente oralement à la classe les instructions pour ton instrument.

→ **CAHIER** p. 23

■ Trouve cinq verres.

■ Remplis chaque verre d'une quantité d'eau différente.

■ Ajoute une couleur différente à chaque verre d'eau.

■ Frappe une cuillère contre les verres.

■ Écoute les sons différents.

À la tâche

Écrire une chanson et créer un rythme

■ En groupe, vous allez créer une chanson.

■ Choisissez un thème : la maison, l'école, la rue, la nature, la musique.

■ Complétez la toile de vocabulaire dans vos cahiers.

■ Écrivez votre chanson. Utilisez des phrases à l'impératif.

■ Échangez votre travail avec un autre groupe.

■ Utilisez vos instruments pour créer un rythme pour votre chanson.

■ Modifiez les paroles de votre chanson si nécessaire.

→ **CAHIER** p. 24

Le rythme
autour de nous

Parlons!

Avant de lire

Quels groupes musicaux préfères-tu? Quels instruments à percussion utilisent tes groupes préférés?

Quels rythmes est-ce qu'on peut entendre dans la nature? dans la rue?

stratégie **de lecture**

N'oublie pas de chercher les mots et les expressions que tu connais déjà.

Quand tu sors d'un concert de musique, est-ce que tu continues à entendre la musique dans ta tête? Quand tu écoutes de la musique, est-ce que tu marques le rythme avec ton crayon? Quand tu entends un bon rythme, tu veux danser. Le rythme est fort!

Dans la maison

Le rythme est présent dans toute la maison. Le robinet dans la cuisine laisse tomber une goutte d'eau toutes les deux secondes. Quand tes parents font le ménage, ils veulent écouter de la musique. Le rythme donne de l'énergie. Tes parents ne peuvent pas résister, ils veulent danser!

Dans ta chambre

Le rythme est aussi dans ta chambre. Ton réveille-matin sonne, dring… dring… dring… Tu ne veux pas te lever, mais ton réveil fait tic, tac, tic, tac. Il y a du bruit dans la maison et tu ne peux pas dormir.

Dans la nature

On peut aussi trouver des exemples de rythme dans la nature. Les tempêtes peuvent créer un vrai concert! D'abord, il pleut. Ensuite, le vent souffle. Les branches frappent contre les fenêtres. Puis, la grêle tombe sur le toit de la maison. Finalement, il y a un grand coup de tonnerre.

Dans la rue

Ce n'est pas seulement la nature qui crée des rythmes. Si tu veux assister à un autre concert, tu peux écouter les rythmes dans la rue : le son des klaxons, des freins, des portes, et de la sirène des ambulances. Tu peux aussi entendre le son des pas : les gens marchent sur le trottoir. Les concerts de rythme sont partout… et ils sont gratuits!

Pour vérifier

À l'oral, trouve le son associé à chaque illustration.

1. Le réveille-matin…

2. Les pas sur le trottoir…

3. Les gouttes d'eau…

4. La grêle…

5. Les autos…

→ **CAHIER** p. 25

MOTS-CLÉS

danser	écouter	les freins	gratuit(e)	un klaxon
marcher	un réveille-matin	un robinet	un son	sonner
souffler	une tempête	tomber	le vent	

Ajoute ces nouveaux mots à ta liste de vocabulaire de base.

C o m m e n t
ç a   m a r c h e ?

Les verbes irréguliers *vouloir* et *pouvoir*

Regarde les phrases suivantes tirées du texte *Le rythme autour de nous*.

- Quand tu entends un bon rythme, tu veux danser.
- Ils veulent écouter de la musique.
- Tu ne veux pas te lever.

Il y a souvent un infinitif après le verbe *vouloir*.

- Tu peux aussi entendre le son des pas.
- Les tempêtes peuvent créer un vrai concert!
- …tu ne peux pas dormir.

Il y a presque toujours un infinitif après le verbe *pouvoir*.

POUR RÉVISER

Les pronoms

je	nous
tu	vous
il / elle	ils / elles
on	

vouloir

je veux	nous voulons
tu veux	vous voulez
il veut	ils veulent
elle veut	elles veulent
on veut	

pouvoir

je peux	nous pouvons
tu peux	vous pouvez
il peut	ils peuvent
elle peut	elles peuvent
on peut	

RÉFÉRENCES :
les verbes irréguliers *vouloir* et *pouvoir*, pp. 145–146

A Compose des phrases complètes.

> **EXEMPLE :** Il / vouloir / chanter
>
> Il veut chanter.

1. Je / vouloir / assister à un concert

2. Elles / vouloir / jouer d'un instrument

3. Tout le monde / vouloir / danser

4. Tu / pouvoir / écouter de la musique

5. Le vent / pouvoir / souffler fort

B Complète les phrases suivantes de deux façons différentes.

> **EXEMPLE :** Il ▨▨▨ chanter.
>
> Il **veut** chanter.
>
> Il **peut** chanter.

1. Vous ▨▨▨ bouger.

2. Les filles ▨▨▨ écouter de la musique.

3. On ▨▨▨ écouter les rythmes.

4. Nous ▨▨▨ frapper des mains.

5. Je ▨▨▨ écouter un concert de rythme.

C Mets les phrases de la Partie B à la forme négative.

> **EXEMPLE :** Il **ne veut pas** chanter.
>
> Il **ne peut pas** chanter.

→ **CAHIER** p. 26

À ton tour

- Avec votre groupe, imaginez que vous voulez vendre le disque compact de votre chanson.
- Écoutez l'annonce.
- Écrivez les mots qui manquent dans votre cahier.
- Utilisez l'annonce complète comme modèle pour la tâche finale.

→ **CAHIER** p. 30

La tâche finale

Présenter une annonce publicitaire

Vous voulez vendre le disque compact de votre chanson. Vous allez présenter une annonce publicitaire.

- Utilisez les verbes *vouloir* et *pouvoir* au moins deux fois chacun et utilisez au moins deux verbes à l'impératif.
- N'oubliez pas le titre de la chanson, le nom du disque compact, le nom de votre groupe et, si vous voulez, les effets sonores.

- N'oubliez pas de présenter votre chanson pendant l'annonce.
- Faites des corrections avant de présenter la version finale.

Visite le site Web à :
www.pearsoned.ca/school/fsl

LES BONS ET LES

> Le corps humain travaille fort! Il y a de bons et de méchants microbes qui vous affectent.

les yeux

les oreilles

le nez

les dents

la gorge

les intestins

Dans cette unité, tu vas...

PARLER

- des microbes et de leurs fonctions.

DÉCOUVRIR

- qu'il y a de bons et de méchants microbes.

APPRENDRE

- à utiliser des adjectifs qualificatifs placés avant le nom;
- à utiliser le verbe irrégulier *devoir*;
- à utiliser des adjectifs possessifs;
- à identifier le sens général d'un texte par son format et son contexte.

LA TÂCHE FINALE

Tu vas préparer des cartes info-microbes sur huit microbes de ton choix.

Visite le site Web à :
www.pearsoned.ca/school/fsl

MÉCHANTS

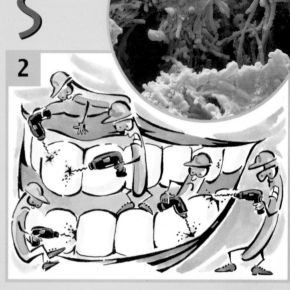

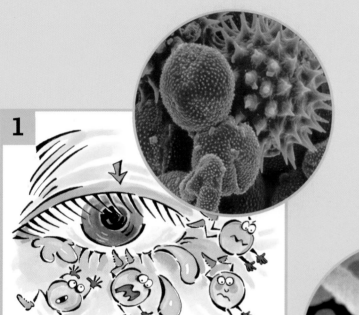

1

2

3

4

 Écoute bien. Associe chaque description à une illustration.

→ **CAHIER** p. 33

Bienvenue
à la foire des sciences

Parlons!

Avant de lire

Est-ce qu'on peut voir des microbes à l'œil nu?

Où est-ce qu'on peut trouver des microbes?

Est-ce que les microbes sont bons? méchants? bons et méchants?

Voici d'excellents projets. Découvrez une foule de choses sur les sujets suivants :

- «La grande invention du 20e siècle»
- «Une belle collection d'insectes»
- «Internet : le meilleur mode de communication»
- «Amis ou ennemis? Les petits microbes dans notre vie»

C'est un site Web sur les microbes. C'est une bonne idée, n'est-ce pas?

Certainement! Et regarde! Il y a de belles photos sur l'écran.

Amis ou ennemis?
Les petits microbes dans notre vie

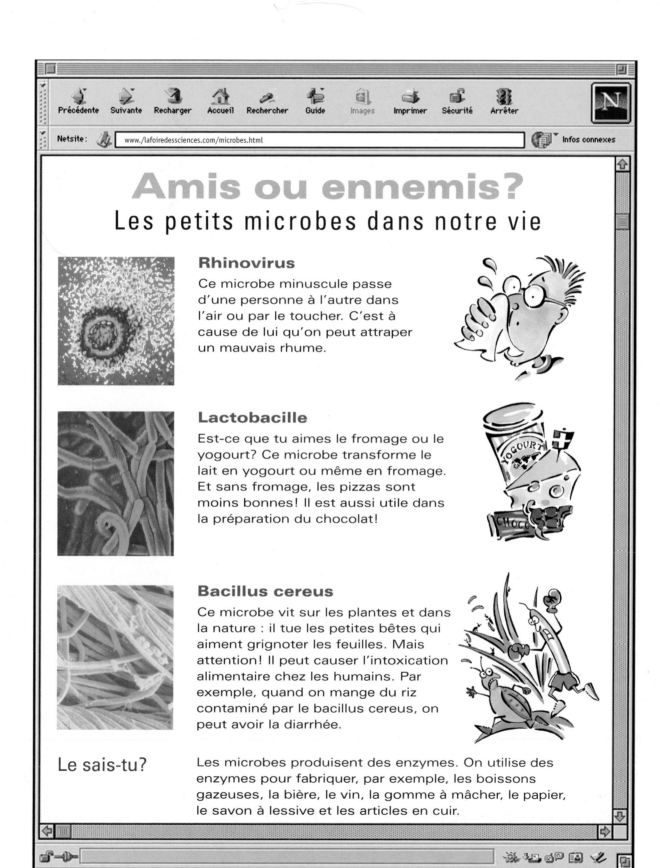

Rhinovirus

Ce microbe minuscule passe d'une personne à l'autre dans l'air ou par le toucher. C'est à cause de lui qu'on peut attraper un mauvais rhume.

Lactobacille

Est-ce que tu aimes le fromage ou le yogourt? Ce microbe transforme le lait en yogourt ou même en fromage. Et sans fromage, les pizzas sont moins bonnes! Il est aussi utile dans la préparation du chocolat!

Bacillus cereus

Ce microbe vit sur les plantes et dans la nature : il tue les petites bêtes qui aiment grignoter les feuilles. Mais attention! Il peut causer l'intoxication alimentaire chez les humains. Par exemple, quand on mange du riz contaminé par le bacillus cereus, on peut avoir la diarrhée.

Le sais-tu?

Les microbes produisent des enzymes. On utilise des enzymes pour fabriquer, par exemple, les boissons gazeuses, la bière, le vin, la gomme à mâcher, le papier, le savon à lessive et les articles en cuir.

33

Pour vérifier

Quel microbe est-ce qu'on associe...

1. au fromage?
2. aux plantes?
3. au rhume?
4. au yogourt?
5. au riz contaminé?

→ **CAHIER** p. 34

Vrai ou faux?

1. Le rhinovirus voyage dans l'air.
2. On utilise un microbe pour faire le chocolat.
3. Les microbes mangent les enzymes.
4. Il y a des enzymes dans la gomme à mâcher.
5. Tous les microbes sont méchants.

MOTS-CLÉS

un ami / une amie	attraper un rhume	l'écran
un ennemi / une ennemie	un enzyme	la foire
grignoter	l'intoxication alimentaire	un microbe
le prix	produire	un projet

Ajoute ces nouveaux mots à ta liste de vocabulaire de base.

ça marche?

Les adjectifs qualificatifs

Regarde les phrases suivantes tirées du texte *Bienvenue à la foire des sciences.*

■ Ce microbe minuscule passe d'une personne à l'autre…
      nom   adjectif

■ On utilise des enzymes pour fabriquer des boissons gazeuses.
                                      nom   adjectif

En général, la plupart des adjectifs sont placés après le nom.

Mais les adjectifs qualificatifs suivants sont normalement placés avant le nom.

beau	bon	dernier	excellent	grand
gros	haut	jeune	long	mauvais
méchant	meilleur	nouveau	petit	vieux

Regarde les phrases suivantes tirées du texte *Bienvenue à la foire des sciences.*

■ C'est vraiment le meilleur projet de la classe.
                      adjectif   nom

■ On peut attraper un mauvais rhume.
                    adjectif   nom

■ C'est une bonne idée, n'est-ce pas?
              adjectif nom

ATTENTION! Quand l'adjectif est placé avant le nom au pluriel, on utilise ***de*** ou ***d'*** au lieu de ***des***.

EXEMPLES : Il y a **de** belles photos sur l'écran.
                  On a besoin **de** bons microbes!

RÉFÉRENCES : la place des adjectifs qualificatifs, pp. 134–135

A Compose des phrases complètes. Mets l'adjectif à la bonne place. N'oublie pas l'accord de l'adjectif!

> **EXEMPLE :** Il a une collection de jouets. (petit)
>
> Il a une **petite** collection de jouets.

1. Le bacillus cereus tue les bêtes qui grignotent les feuilles. (mauvais)

2. C'est le projet de la foire des sciences. (meilleur)

3. L'acne bacillus est un microbe. (méchant)

4. J'ai une collection d'insectes. (grand)

5. Il y a une photo sur l'écran. (excellent)

Le rhinovirus a causé son rhume.

B Mets les mots en couleur au pluriel. Attention! Quand l'adjectif est placé avant le nom au pluriel, **des** devient **de** ou **d'**.

> **EXEMPLE :** C'est un bon ami de Thomas.
>
> Ce sont **de** bons amis de Thomas.

1. Les adolescents ont souvent un petit bouton sur le visage.

2. À cause du rhinovirus, on peut attraper un mauvais rhume.

3. On a besoin d'un bon microbe pour fabriquer du chocolat.

4. Il y a un bon et un méchant microbe.

5. Tu visites un excellent site Web pour ton projet.

 → **CAHIER** p. 35

À ton tour

Lis les descriptions suivantes. Avec un ou une partenaire, faites une liste de bons et de méchants microbes.

a) Le **rhinovirus** est la cause des rhumes. Il voyage dans l'air.

b) On trouve le **lactobacille** dans le lait. Il aide à fabriquer des produits laitiers comme le fromage.

c) L'**acne bacillus** cause les boutons d'acné. Il vit sur notre peau.

d) Les microbes fabriquent des **enzymes**. On utilise des enzymes dans les détergents pour enlever les taches.

e) L'**acidophillus** vit dans nos intestins et aide la digestion.

f) Le **staphylocoque** habite partout dans notre maison et sur notre peau. Il peut causer des allergies.

g) Le **streptocoque** peut causer des caries dentaires et des maladies graves. Il habite dans notre corps et dans l'air.

h) On trouve la **salmonelle** dans certains aliments : ce microbe peut nous rendre très malades.

i) Le **baculovirus** tue les petites bêtes qui mangent les plantes. Il est partout dans les champs.

j) On utilise la **levure** dans la fabrication du pain, de la bière et des pâtisseries. La levure existe dans la nature.

 → CAHIER p. 37

À la tâche

Prépare trois cartes info-microbes dans ton cahier. Utilise un microbe ami, un microbe ennemi et un microbe qui est à la fois bon et méchant.

Sur chaque carte, écris un petit paragraphe pour décrire le microbe. Explique où le microbe habite, sa fonction et pourquoi ce microbe est bon ou méchant. Utilise au moins deux adjectifs dans ta description.

→ CAHIER p. 38

Parlons!

Avant de lire

▪ Comment te prépares-tu pour un quiz?

▪ As-tu déjà rêvé aux devoirs que tu dois préparer pour une leçon?

stratégie de lecture

Regarde le format et le contexte pour deviner le sens du texte.

Les microbes sont partout!

Véronique se prépare pour son quiz de sciences...

> Oh là là, je ne comprends rien! Tous ces noms compliqués de microbes! ba-cil-lus thu-rin-gien-sis... Qu'est-ce que c'est que ça?! Je dois étudier ou mon quiz va mal se passer...

> Véronique... Les microbes ne sont pas si difficiles à comprendre. Je vais tout t'expliquer.

La première chose à comprendre...

> Les microbes ne sont pas visibles à l'œil nu. Ils sont trop petits. Est-ce que tu sais qu'il y a des millions de microbes comme le staphylocoque sur notre peau?

Pour vérifier

À l'oral, réponds aux questions suivantes en phrases complètes.

1. Pourquoi est-ce que Véronique étudie?

2. Les microbes habitent...
   a) dans les poubelles.
   b) dans l'air.
   c) sur la peau.
   d) absolument partout.

3. Est-ce qu'on peut voir les microbes à l'œil nu?

4. Les microbes sont très utiles. Vrai ou faux?

5. Pourquoi est-ce que Véronique est contente quand elle se réveille?

→ **CAHIER** p. 40

MOTS-CLÉS

absolument	à l'œil nu	un agriculteur / une agricultrice
apprécier	un boulanger / une boulangère	les déchets
diminuer	la levure	petit à petit
la pollution	les poubelles	seulement

Ajoute ces nouveaux mots à ta liste de vocabulaire de base.

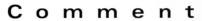

Le verbe irrégulier *devoir*

Regarde les phrases suivantes tirées du texte *Les microbes sont partout!*

■ Je **dois** étudier ou mon quiz va mal se passer.

■ Tu **dois** comprendre qu'ils sont très utiles.

■ Les boulangers **doivent** utiliser de la levure pour faire gonfler le pain.

D'habitude, il y a un **infinitif** après le verbe *devoir*.

■ Je *dois* **étudier** ou mon quiz va mal se passer.

■ Tu *dois* **comprendre** qu'ils sont très utiles.

■ Les boulangers *doivent* **utiliser** de la levure pour faire gonfler le pain.

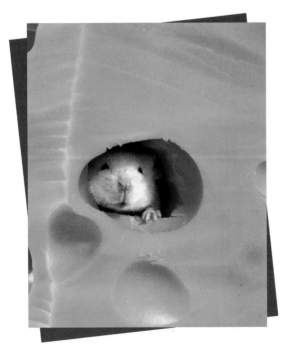

Le verbe *devoir* est un verbe irrégulier.
Au présent :

devoir	
je **dois**	nous **devons**
tu **dois**	vous **devez**
il / elle / on **doit**	ils / elles **doivent**

RÉFÉRENCES : le verbe irrégulier *devoir*, pp. 145–146

A Compose des phrases complètes avec le verbe *devoir* au présent.

> **EXEMPLE :** Je ▨▨▨ étudier les sciences.
> Je **dois** étudier les sciences.

1. Elle ▨▨▨ se lever pour aller à l'école.

2. Nous ▨▨▨ préparer notre présentation.

3. Vous ▨▨▨ vous reposer.

4. Tu ▨▨▨ utiliser le microscope pour cette activité.

5. Ils ▨▨▨ comprendre que les microbes sont utiles.

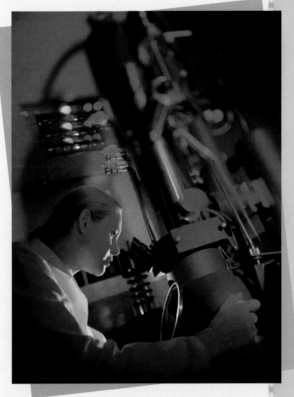

Elle étudie les microbes à l'aide d'un microscope.

B Mets les phrases de la Partie A au négatif.

> **EXEMPLE :** Je **ne** dois **pas** étudier les sciences.

C Réponds aux questions suivantes. Utilise la forme correcte du verbe.

> **EXEMPLE :** Devez-vous aller à l'école aujourd'hui? (Non)
> Non, nous ne devons pas aller à l'école aujourd'hui.

1. Est-ce qu'ils doivent se laver les mains avant de faire la cuisine? (Oui)

2. Doit-il aller voir la professeure après la leçon? (Non)

3. Est-ce que nous devons utiliser un microscope pour voir les microbes? (Oui)

4. Est-ce qu'elle doit écrire ce que SuperM lui explique? (Non)

5. Est-ce que je dois étudier pour le quiz de demain? (Oui)

→ **CAHIER** p. 41

À ton tour

Étienne est le meilleur joueur de soccer de son école. Dans dix jours, son équipe veut gagner le championnat de soccer. Mais il y a un petit problème… Étienne est malade!

■ Complète la bande dessinée *Le championnat de soccer* dans ton cahier.

■ Ensuite, en groupes de trois, présentez le dialogue à la classe.

→ **CAHIER** p. 44

À la tâche

Prépare cinq nouvelles cartes info-microbes. Utilise :

■ deux microbes amis;

■ deux microbes ennemis;

■ un microbe qui est à la fois bon et méchant.

Sur chaque carte, écris un paragraphe sur le microbe. Explique :

■ où le microbe habite;

■ la fonction du microbe;

■ pourquoi le microbe est bon ou méchant.

Microbes !

Paroles : Karen Edgar et Étienne   Musique : Étienne

Parlons !

Avant de lire

En groupes, faites une liste de tous les endroits où on peut trouver des microbes.

Y a-t-il des endroits où on n'en trouve pas?

Est-ce qu'il y a des microbes sur d'autres planètes?

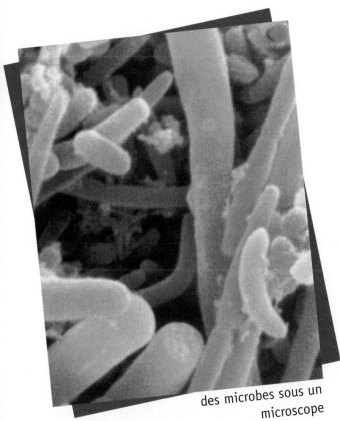

des microbes sous un microscope

Refrain :

Il y a des microbes partout, tout le temps
Notre monde est plein de microbes
Il y en a des bons et des méchants.

Refrain (bis)

Vous savez ce que vous mangez, n'est-ce pas?
Il y a des microbes dans votre nourriture
Dans le pain, le fromage et le chocolat!

Les microbes ont des qualités :
Leurs actions nous aident à digérer
Les repas que nous aimons manger.

Refrain (bis)

Les microbes peuvent être votre protection.
Ils sont dans vos médicaments
Et combattent les infections.

Les microbes sont dans nos lacs et nos rivières.
Ils sont dans notre corps et sur nos mains.
Ils font partie de notre atmosphère.

Refrain (bis)

45

À l'oral, réponds aux questions suivantes en phrases complètes.

1. Où est-ce qu'il y a des microbes?

2. Est-ce que tous les microbes sont méchants?

3. Dans quelle nourriture est-ce qu'il y a des microbes?

4. Pourquoi est-ce que les microbes peuvent être notre protection?

5. Est-ce que les microbes vivent dans l'eau?

→ CAHIER p. 46

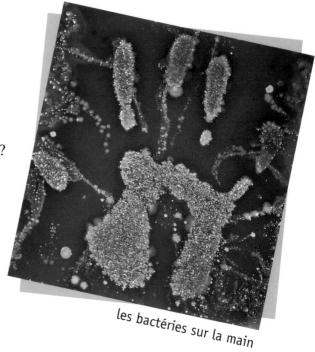
les bactéries sur la main

MOTS-CLÉS

aider	digérer	faire partie de...	une infection
un médicament	la nourriture	une qualité	un repas

Ajoute ces nouveaux mots à ta liste de vocabulaire de base.

Les adjectifs possessifs

Regarde les phrases suivantes tirées de la chanson *Microbes!*

- **Notre** monde est plein de microbes.
- Il y a des microbes dans **votre** nourriture.
- **Leurs** actions nous aident à digérer.

On utilise un **adjectif possessif** pour montrer une relation de possession.

Comme tous les adjectifs, l'adjectif possessif s'accorde en *genre* (masculin ou féminin) et en *nombre* (singulier ou pluriel) avec le nom qu'il accompagne.

EXEMPLES :

Sofia et moi avons une idée. → C'est **notre** idée.		fém. sing.
Nous avons des projets. → Ce sont **nos** projets.		masc. plur.
Vous avez un projet. → C'est **votre** projet.		masc. sing.
Marc et toi avez des idées. → Ce sont **vos** idées.		fém. plur.
Ils ont une idée. → C'est **leur** idée.		fém. sing.
Elles ont des projets. → Ce sont **leurs** projets.		masc. plur.

Pronom	masculin singulier	féminin singulier	pluriel
je	mon	ma	mes
tu	ton	ta	tes
il / elle	son	sa	ses
nous	notre	notre	nos
vous	votre	votre	vos
ils / elles	leur	leur	leurs

RÉFÉRENCES : les adjectifs possessifs, pp. 129–131

A Complète les phrases suivantes avec un adjectif possessif singulier.

> **EXEMPLE :** Est-ce que tu vas faire ▨▨▨ devoir de français?
> Est-ce que tu vas faire **ton** devoir de français?

masculin	féminin
mon	ma
ton	ta
son	sa
notre	notre
votre	votre
leur	leur

1. Nous ne pouvons pas voir les microbes sur ▨▨▨ peau.

2. Vous devez nettoyer ▨▨▨ salle de bains. Elle est pleine de microbes.

3. Julie et Diane sont contentes. ▨▨▨ projet sur les microbes est excellent!

4. J'adore le fromage! ▨▨▨ microbe préféré est le lactobacille.

5. Tu es malade? C'est le rhinovirus qui a causé ▨▨▨ rhume.

B Complète les phrases suivantes avec un adjectif possessif pluriel et un nom.

> **EXEMPLE :** J'adore jouer au soccer avec. ▨▨▨
> J'adore jouer au soccer avec **mes amis**.

boutons	tes
corps	ses
dessins	nos
examens	vos
intestins	leurs

1. ▨▨ ▨▨▨ sont couverts de microbes.

2. Elle doit étudier pour ▨▨ ▨▨▨ de fin d'année.

3. Est-ce que tu vas exposer ▨▨ ▨▨▨ de microbes?

4. Il y a des millions de microbes dans ▨▨ ▨▨▨.

5. Les adolescents n'aiment pas le microbe qui causent ▨▨ petits ▨▨▨.

 → CAHIER p. 47

À ton tour

Complète l'entrevue dans ton cahier avec les formes correctes de l'adjectif possessif et du verbe *devoir*.

En groupes de quatre, présentez votre scène à la classe. Est-ce que la classe peut deviner qui vous êtes?

→ **CAHIER** p. 49

La tâche finale

La bataille des microbes   → **CAHIER** p. 38

A ■ Échange avec un ou une partenaire les huit cartes info-microbes que tu as déjà préparées.

■ Il ou elle va proposer des changements.

■ Prépare tes cartes finales : recopie l'information sur des petites cartes de recette.

■ Crée des illustrations de tes microbes sur l'autre côté des cartes.

B En groupes de trois ou quatre, rassemblez toutes vos cartes info-microbes.

■ Dessinez un grand diagramme de Venn. Placez chacune de vos cartes dans la bonne catégorie.

■ Présentez votre diagramme et décrivez vos microbes au reste de la classe.

bons microbes   méchants microbes

■ Utilisez les cartes info-microbes comme des cartes de hockey pour créer un jeu de votre choix.

Visite le site Web à :
www.pearsoned.ca/school/fsl

Au musée

As-tu déjà visité un musée de cire? Quels personnages en cire est-ce que tu as vus?

Unité 4

Dans cette unité, tu vas...

PARLER

- des musées de cire et des personnages en cire.

DÉCOUVRIR

- comment on fabrique les personnages en cire.

RÉVISER

- l'impératif;
- les verbes *vouloir*, *pouvoir* et *devoir*;
- les adjectifs qualificatifs placés avant le nom;
- les adjectifs possessifs;
- comment deviner le sens général du texte et le sens des mots à l'aide des images.

LA TÂCHE FINALE

Tu vas jouer le rôle du guide au musée de cire. Tu vas présenter le personnage en cire de ton choix.

 Visite le site Web à : www.pearsoned.ca/school/fsl

Marie-Antoinette

Les Beatles

de cire

King Kong

Mark McGwire

Oprah Winfrey

Arnold Schwarzenegger

Écoute chaque description. Identifie le personnage qui est décrit.

→ CAHIER p. 54

Une visite
au musée de cire

Parlons!

Avant de lire

▪ Si tu vas dans un musée de cire, quels personnages est-ce que tu veux voir?

▪ Si tu crées un personnage en cire, qui est-ce que tu veux créer?

▪ Sais-tu quels matériels on utilise pour fabriquer un personnage en cire?

Stratégie de lecture

Tu peux deviner le sens général du texte et le sens des mots à l'aide des images.

Dans le texte suivant, trouve les mots ou les expressions qui vont avec les images.

Mets les phrases suivantes dans le bon ordre.

a) Enfin, on habille le personnage… ⁵

b) Je prépare le corps en fibre de verre. ³

c) Je prends des photos et les mesures du personnage. ¹

d) Je fais un moule de plâtre pour la tête et je coule de la cire chaude à l'intérieur. ²

e) J'insère de vrais cheveux, des cils et des sourcils, un à la fois. ⁴

→ **CAHIER** p. 55

MOTS-CLÉS

une aiguille	l'argile	un atelier
célèbre	un couturier / une couturière	fabriquer
la fibre de verre	un guide	habiller
insérer	un moule de plâtre	un musée de cire
un personnage en cire	une salle	un sculpteur

Ajoute ces nouveaux mots à ta liste de vocabulaire de base.

 → **CAHIER** p. 56

Comment
ça marche?

Révision

Regarde les phrases suivantes tirées du texte *Une visite au musée de cire*.

L'impératif des verbes réguliers

On utilise l'impératif pour donner un ordre ou pour présenter une suggestion.

- *Regarde* tous ces personnages importants.
- Maintenant, *passons* à la salle des personnages historiques.

RÉFÉRENCES : l'impératif des verbes réguliers, p. 142

Les verbes irréguliers *vouloir*, *pouvoir* et *devoir*

N'oublie pas les formes des verbes irréguliers *vouloir*, *pouvoir* et *devoir*.

- *Je dois* sculpter sa tête avec de l'argile.
- *Nous voulons* savoir comment vous fabriquez vos personnages en cire.
- *Pouvez-vous* nous montrer comment faire?

RÉFÉRENCES : les verbes irréguliers *vouloir*, *pouvoir* et *devoir*, pp. 145–146

Les adjectifs qualificatifs placés avant le nom

N'oublie pas les adjectifs placés avant le nom.

- C'est un *grand* monstre très célèbre.
- Ses *longs* bras étendus font peur à tout le monde.

RÉFÉRENCES : les adjectifs qualificatifs placés avant le nom, pp. 134–135

Les adjectifs possessifs

On utilise les adjectifs possessifs pour indiquer la possession.

- Vous fabriquez *leurs* têtes, *leurs* mains et *leurs* corps…

- …comment vous fabriquez *vos* personnages en cire.

- Enfin, on doit habiller le personnage avec des vêtements fabriqués par *notre* couturière…

RÉFÉRENCES : les adjectifs possessifs, pp. 129–131

Pratique orale

A Mets le verbe à l'impératif.

> **EXEMPLE** : Habiller / le personnage en cire. (vous)
> **Habillez** le personnage en cire!

1. Passer / à la salle des personnages historiques. (nous)
2. Regarder / ce personnage en cire. (vous)
3. Finir / le corps du personnage en cire. (tu)
4. Attendre / le guide. (nous)
5. Examiner / une photo du personnage. (vous)

B Compose des phrases complètes avec la bonne forme du verbe *vouloir*, *pouvoir* ou *devoir*.

> **EXEMPLE** : Je / vouloir / regarder leurs vêtements.
> Je **veux** regarder leurs vêtements.

1. Nous / devoir / écouter notre guide.
2. Michel / vouloir / voir ses personnages préférés.
3. Ils / pouvoir / fabriquer leurs personnages en cire.
4. Vous / vouloir / partir avec votre groupe.
5. Tu / devoir / sculpter sa tête.

C Ajoute l'adjectif à chaque phrase.

EXEMPLE : Il aime sa **création**. (nouvelle)
Il aime sa **nouvelle création**.

1. C'est un **musée** de cire. (grand)
2. Quels **personnages** en cire! (beaux)
3. Il utilise une **aiguille**. (spéciale)
4. La couturière a créé sa **robe**. (meilleure)
5. Lily regarde l'**actrice**. (célèbre)

D Complète chaque phrase avec le bon adjectif possessif.

EXEMPLE : Quel est le nom de ////// couturière? (votre, vos)
Quel est le nom de **votre** couturière.

1. ////// ami et moi, nous allons au musée aujourd'hui. (mon, ma, mes)
2. Nous avons faim. Nous devons manger ////// dîner. (notre, nos)
3. Quels sont ////// personnages en cire préférés? (votre, vos)
4. Annick et ////// sœur écoutent le guide. (son, sa, ses)
5. Est-ce que ////// mère aime les musées de cire? (ton, ta, tes)

→ **CAHIER** p. 57

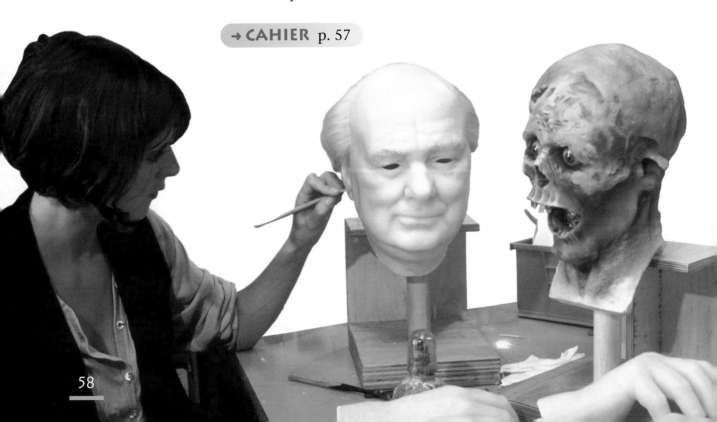

À ton tour

A ■ Imagine que tu peux créer un personnage en cire. Qui est-ce que tu veux créer?

■ Complète les questions dans ton cahier. Utilise les verbes *vouloir* et *devoir*.

■ Prépare un paragraphe sur ton personnage en cire.

→ **CAHIER** p. 61

B Prépare un dessin de ton personnage en cire pour ta présentation.

La tâche finale

A Imagine que tu es le ou la guide du musée de cire. Pendant la visite d'un groupe d'élèves, tu dois décrire le personnage en cire que tu as choisi dans l'activité *À ton tour*. Utilise ton cahier pour écrire la présentation de ton personnage en cire. Utilise :
- ■ l'impératif des verbes réguliers;
- ■ les adjectifs qualificatifs placés avant le nom;
- ■ les verbes irréguliers *vouloir*, *pouvoir* et *devoir*;
- ■ les adjectifs possessifs.

→ **CAHIER** p. 62

B Maintenant, fais la présentation de ton personnage en cire. Tu joues le rôle du ou de la guide. Donne la description de ton personnage. N'oublie pas de montrer le dessin de ton personnage en cire que tu as préparé dans l'activité *À ton tour*.

Visite le site Web à :
www.pearsoned.ca/school/fsl

Destinations

Le Lac Louise, Alberta

Europe

Jungfraujoch, Suisse

Dans cette unité, tu vas...

PARLER

- d'endroits fascinants au Canada et à l'étranger;
- de tes destinations et de tes activités d'hiver préférées.

DÉCOUVRIR

- comment les gens s'amusent en hiver;
- des stations de sports d'hiver.

APPRENDRE

- à utiliser des adjectifs irréguliers;
- à utiliser les adjectifs démonstratifs *ce, cet, cette, ces*;
- à utiliser les mots de la même famille pour trouver le sens d'un nouveau mot.

LA TÂCHE FINALE

Tu vas créer une brochure ou une page Web pour la destination de ton choix.

Visite le site Web à :
www.pearsoned.ca/school/fsl

d'hiver

Jukkasjärvi, Suède

Canada

Regarde ces scènes d'hiver.

- Est-ce qu'on fait les mêmes activités en hiver partout dans le monde?
- Trouve les endroits représentés dans les photos sur les cartes du Canada et de l'Europe. Écoute bien.

Marble Mountain à Terre-Neuve

Iqaluit, Nunavut

61

Voyage au bout de l'hiver

Parlons!

Avant de lire

■ Qu'est-ce que tu aimes le plus en hiver? Pourquoi?

■ Quel endroit veux-tu visiter cet hiver? Pourquoi?

Stratégie de lecture

Tu peux découvrir le sens d'un nouveau mot quand tu connais un mot de la même famille.

Par exemple : la neige — neiger, enneigé.

Dans les cartes postales sur ces pages, trouve un mot qui ressemble à chacun des mots suivants :

- beau
- la construction
- la glace
- habiter

RÉFÉRENCES : les mots de la même famille, page 154

Salut les amis!

Nous sommes au pays du soleil de minuit, de l'aurore boréale et de la neige... à Jukkasjärvi, en Suède.

C'est un vieux village au nord du cercle arctique. Ici, on trouve ce bel hôtel de glace chaque hiver depuis 1990. C'est le plus grand iglou du monde. Il est construit avec de gros blocs de glace et des tonnes de neige.

Dedans, il y a des chambres toutes blanches, une galerie d'art et un cinéma. Tous les meubles, toutes les sculptures et même les lits sont en glace.

Demain, une nouvelle expérience : on va jouer au golf sur glace. Et le caddie... c'est un renne!

À bientôt!

Ryan

Classe de 7e année
École Tremblay
522, rue Biencourt
Ottawa (Ontario)
K2P 3C5
Canada

Bonjour tout le monde,

Je suis à Iqaluit, la capitale du Nunavut. Iqaluit veut dire «poissons» en inuktitut, la langue des Inuits. Il y a trois langues officielles ici : l'inuktitut, l'anglais et le français.

La cuisine est vraiment bonne! Je mange du caribou, du bœuf musqué, des crevettes, du poisson... Les nuits sont longues en hiver, mais on voit de merveilleuses aurores boréales («aqsaqniit») dans le ciel.

Aujourd'hui, on visite le beau musée Nunatta Sunakkutaangit pour voir une exposition d'art inuit.

Demain, on va explorer le parc Qaummaarviit. C'est un site d'habitations anciennes des peuples inuits et Thule.

Joseph

Allô!

Pour notre première excursion en Suisse, on monte au Jungfraujoch, près de la ville d'Interlaken. Le Jungfraujoch est une station de haute montagne. Elle est à 3 457 mètres d'altitude!

Le train est la seule façon de monter au sommet. D'ici, on peut admirer la beauté naturelle de la région : les lacs, le glacier d'Aletsch, les majestueuses Alpes suisses...

Demain, on va faire du ski sur le glacier de l'Eiger. Et après, on va visiter les belles cascades de Lauterbrunnen. Il y a tant de choses à faire!

Alyssa

Luc Martin
1909, rue Laurier Est
Montréal (Québec)
H2H 1B5
Canada

HELVETIA 80+40 PRO PATRIA 1977

63

l'aurore boréale

construire un iglou

un glacier

Pour vérifier

Complète les phrases.

1. L'hôtel de glace est…
2. Les lits sont en glace…
3. On parle inuktitut…
4. Il y a une exposition…
5. La ville d'Interlaken est…

a) au Nunavut.

b) en Suisse.

c) au musée Nunatta.

d) en Suède.

e) à l'hôtel de glace.

→ CAHIER p. 65

MOTS-CLÉS

l'aurore boréale	la cuisine	le cercle arctique
majestueux / majestueuse	merveilleux / merveilleuse	une montagne
le Nunavut	le renne	un sommet
la Suède	la Suisse	vieux / vieil / vieille

Ajoute ces nouveaux mots à ta liste de vocabulaire de base.

→ CAHIER p. 66

Les adjectifs irréguliers

Il y a beaucoup d'adjectifs irréguliers. Regarde les phrases suivantes tirées du texte *Voyage au bout de l'hiver*.

- C'est un *vieux* village au nord du cercle arctique.
- Ici on trouve ce *bel* hôtel de glace.
- Les nuits sont *longues* en hiver, mais on voit de *merveilleuses* aurores boréales dans le ciel.
- C'est un site d'habitations *anciennes* des peuples inuits et Thule.
- D'ici, on peut admirer la beauté *naturelle* de la région…
- Et après, on va visiter les *belles* cascades de Lauterbrunnen.

> **Révision : Les adjectifs réguliers**
>
> Tu sais déjà comment mettre un adjectif régulier au féminin et au pluriel :
>
> **masculin singulier**
> un chandail *vert*
>
> **féminin singulier**
> une robe *verte*
>
> **masculin pluriel**
> des chandails *verts*
>
> **féminin pluriel**
> des robes *vertes*
>
> **RÉFÉRENCES :** les adjectifs réguliers, p. 132

Voici quelques adjectifs irréguliers :

masculin singulier	féminin singulier	masculin pluriel	féminin pluriel
beau / bel*	belle	beaux	belles
blanc	blanche	blancs	blanches
canadien	canadienne	canadiens	canadiennes
favori	favorite	favoris	favorites
merveilleux	merveilleuse	merveilleux	merveilleuses
vieux / vieil*	vieille	vieux	vieilles

* devant un nom masculin qui commence avec une *voyelle* ou un *h* muet

RÉFÉRENCES : les adjectifs irréguliers, pp. 132–134

pratique **orale**

A Lis les phrases suivantes et choisis la bonne forme de l'adjectif irrégulier.

l'aurore boréale

1. Les aurores boréales sont très (belles / beaux).
2. En montagne, la neige est (blanc / blanche).
3. Jukkasjärvi est un (vieux / vieil / vieille) village.
4. Ce (beau / bel / belle) hôtel de glace est le plus grand iglou du monde.
5. En hiver, mon sport (favori / favorite) est le ski de fond.
6. Nous voyageons en Suède pour la (premier / première) fois.
7. Les Alpes sont des montagnes (majestueux / majestueuses).
8. Le Mont Ste-Anne est une destination (canadien / canadienne) populaire.
9. Il y a trois langues (officiels / officielles) au Nunavut : l'inuktitut, l'anglais et le français.
10. Les nuits d'hiver sont très (longs / longues) au nord du cercle arctique.

B Trouve le bon adjectif pour compléter chaque phrase.

beau / belle   grand / grande   long / longue
merveilleux / merveilleuse   naturels / naturelles

1. Paris est une ville d'une grande *beauté*. C'est une très ////// ville.
2. Le Canada est un pays connu pour sa *nature*. Il y a beaucoup de parcs //////.
3. Le Nil en Égypte est un fleuve connu pour sa *longueur*. C'est le plus ////// fleuve du monde.
4. Le continent asiatique est connu pour sa *grandeur*. C'est un ////// continent.
5. Le musée des Beaux-Arts de Tokyo est plein de *merveilles*. C'est un musée //////.

→ **CAHIER** p. 68

À ton tour

- Avec un ou une partenaire, créez une conversation téléphonique.

- Écoutez le modèle enregistré avant de commencer.

- Tu appelles un(e) ami(e) pour parler de la destination d'hiver que tu visites. Ton ami(e) te pose des questions sur l'endroit et tes activités.

 Présentez votre conversation en classe. Vous avez seulement une minute.

→ **CAHIER** p. 70

À la tâche

- Complète les cartes postales dans ton cahier.

- Imagine que tu fais un voyage à une destination d'hiver.

- Écris une carte postale. Décris l'endroit, le paysage et les activités. Utilise au minimum cinq adjectifs irréguliers.

 → **CAHIER** p. 71

Un concours de voyage

Parlons!

Avant de lire

- Quels sports d'hiver est-ce qu'on peut faire près de chez toi?

- Quelles autres activités est-ce que tu fais en hiver?

MEI : Que fais-tu avec toutes ces brochures touristiques?

JEAN-LOUIS : Je cherche la station de sports d'hiver idéale. Il y a une annonce dans le magazine *Descente* pour un concours publicitaire : «Le paradis du ski!» On peut gagner un voyage pour deux vers la destination de son choix.

MEI : Et cette destination, comment vas-tu la choisir?

JEAN-LOUIS : Voilà le problème! J'ai des renseignements sur quatre stations de sports d'hiver différentes. Je trouve ces quatre destinations formidables! Regarde ces brochures.

Le Lac Louise

Le paradis en hiver!

Stratégie de lecture

N'oublie pas de remarquer les mots de la même famille.

RÉFÉRENCES : les mots de la même famille, page 154

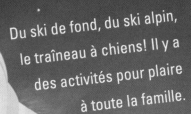

Du ski de fond, du ski alpin, le traîneau à chiens! Il y a des activités pour plaire à toute la famille.

MEI : Whistler-Blackcomb en Colombie-Britannique, le Lac Louise dans les Rocheuses de l'Alberta, le Mont Tremblant au Québec et Marble Mountain à Terre-Neuve.

JEAN-LOUIS : Toutes les quatre ont des pistes de ski alpin extraordinaires. Mais il y a beaucoup d'autres activités à faire. Regarde cette brochure de Whistler-Blackcomb.

MEI : Écoute : «Choisissez Whistler pour vos activités d'hiver. Venez découvrir l'escalade de glace aux lacs Joffre, à une heure du village de Whistler, ou essayez le parapente avec un moniteur.» Tu vas essayer?

JEAN-LOUIS : Le parapente? Peut-être. On pratique aussi ce sport au Lac Louise.

MEI : C'est vrai?

Au pays des merveilles hivernales…

Le Mont Tremblant

Du ski, du traîneau à chiens, de la raquette…

Venez à Whistler-Blackcomb !

JEAN-LOUIS : Oui, et ce n'est pas tout. Cet article parle des activités au Lac Louise. On peut aller sur les glaciers en hélicoptère et descendre en skis ou en planche à neige. On peut aussi faire de la raquette dans la vallée de la rivière Bow. Et puis, il y a le lac avec sa fameuse couleur turquoise. Je veux absolument voir ce fameux lac. Regarde cette photo!

MEI : Mais le lac va être gelé et enneigé en hiver. Pourquoi pas le Mont Tremblant? Écoute cette description : «Le ski alpin, le ski de fond, la planche à neige, la pêche sur glace : on trouve toutes ces activités d'hiver ici…» Cette destination est aussi excitante!

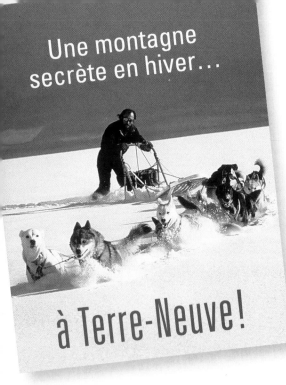

Une montagne secrète en hiver...

à Terre-Neuve!

JEAN-LOUIS : Ou Marble Mountain à Terre-Neuve : «Laissez les pistes de ski pour faire une promenade en traîneau à chiens...»

MEI : Est-ce qu'il y a beaucoup de neige à Terre-Neuve?

JEAN-LOUIS : Oui! Cette région est enneigée. Il tombe cinq mètres de neige à Marble Mountain chaque année.

MEI : Cinq mètres! Tu vas vraiment t'amuser si tu gagnes le voyage!

JEAN-LOUIS : Tu ne participes pas au concours?

MEI : Mais non! Moi, je n'aime pas le froid. Je rêve de passer cet hiver en Australie!

Pour vérifier

Vrai ou faux? Corrige les phrases fausses.

1. *Descente* est le nom d'une station de ski.
2. On peut faire du parapente au Lac Louise.
3. On peut voir la couleur turquoise du lac en hiver.
4. Il n'y a pas beaucoup de neige à Marble Mountain.
5. Le Mont Tremblant est situé dans les Rocheuses de l'Alberta.

 → **CAHIER** p. 72

MOTS-CLÉS

l'Alberta	la Colombie-Britannique	un concours publicitaire
l'escalade de glace	le parapente	la pêche sur glace
la planche à neige	le Québec	la raquette
le ski alpin / de fond	Terre-Neuve	un traîneau à chiens

Ajoute ces nouveaux mots à ta liste de vocabulaire de base.   → **CAHIER** p. 73

Les adjectifs démonstratifs
ce, *cet*, *cette* et *ces*

Regarde les phrases suivantes tirées du texte *Un concours de voyage*.

- Que fais-tu avec toutes **ces** brochures touristiques?

- Et **cette** destination, comment vas-tu la choisir?

- **Cet** article parle des activités au Lac Louise.

- Je veux absolument voir **ce** fameux lac.

Pour désigner un nom spécifique, on utilise les adjectifs démonstratifs *ce, cet, cette* et *ces*.

Le nom	nom masculin singulier	nom féminin singulier	nom masculin ou féminin pluriel
L'adjectif démonstratif	*ce* devant une consonne; *cet* devant une voyelle ou un *h* muet	*cette*	*ces*
Exemples	*ce* lac *cet* article *cet* hiver	*cette* destination *cette* activité *cette* habitation	*ces* lacs *ces* activités *ces* habitations

RÉFÉRENCES : les adjectifs démonstratifs, p. 129

A Choisis le bon adjectif démonstratif pour compléter chaque phrase.

EXEMPLE : On prend (cette / cet) avion pour aller à Iqaluit.

1. Donne-moi (ce / cette) brochure, s'il te plaît.

2. Veux-tu essayer (cet / cette) activité?

3. Je veux faire de la raquette (ce / cet) hiver.

4. (Cette / Cet) hôtel est construit avec de la glace.

5. Est-ce que vous voyez (cette / ces) montagnes?

B De quoi est-ce qu'on parle? Choisis le nom qui convient dans chaque phrase.

EXEMPLE : Cette (région / pays) est merveilleuse!

1. Ce (lac / vallée) est très beau.

2. Est-ce que tu aimes cet (endroit / sport)?

3. Ces (montagnes / arbres) sont majestueuses.

4. On va rester dans cette (hôtel / maison).

5. Cette (voyage / rivière) est très longue.

un inukshuk

C Au singulier, s'il vous plaît! Remplace le nom au pluriel dans chaque phrase par le même nom au singulier.

EXEMPLE : Je vais envoyer *ces cartes postales* à ma famille.
Je vais envoyer cette carte postale à ma famille.

1. Regarde *ces photos*. ce photo

2. Est-ce que tu vas visiter *ces endroits*? cet endroit

3. Je connais *ces élèves*. cet élèves

4. On peut pratiquer *ces activités* au Mont Tremblant. cette activités

5. On trouve *ces animaux* au nord du cercle arctique. cet animal

➔ **CAHIER** p. 74

À ton tour (Activité 1 ou 2)

1 Il y a beaucoup de destinations d'hiver dans cette unité. Quelle destination préfères-tu? Pourquoi?

2 Identifie une destination d'hiver de ton choix. La destination peut être réelle ou imaginaire.

- Tu peux utiliser la même destination que pour ta carte postale à la page 67 de ton livre.

- Crée une publicité pour faire la promotion de ta destination à la radio. Utilise des adjectifs irréguliers et démonstratifs.

- Écoute le modèle et fais l'activité dans ton cahier.

→ CAHIER p. 77

La tâche finale

Crée une brochure ou une page Web pour une destination d'hiver. Tu peux utiliser l'information de ta carte postale à la page 67 de ton livre. Tu peux aussi choisir une autre destination.

Tu dois inclure :

- un logo et un slogan pour capter l'intérêt;

- une description des sports et des activités qu'on peut faire;

- une photo ou un dessin (ou plusieurs);

- les coordonnées (le numéro de téléphone, l'adresse, etc.);

- au moins quatre adjectifs irréguliers et quatre adjectifs démonstratifs.

Visite le site Web à :
www.pearsoned.ca/school/fsl

→ CAHIER p. 78

Un monde

A

Unité 6

Dans cette unité, tu vas…

PARLER

- des activités que tu aimes faire avec tes ami(e)s.

DÉCOUVRIR

- la technologie disponible pour les personnes qui vivent avec une habileté différente.

APPRENDRE

- à utiliser les verbes au futur proche;
- à poser des questions avec l'inversion;
- à utiliser les prépositions *à* et *de* avec un article défini (*le*, *la*, *l'* ou *les*);
- à trouver les mots qui ressemblent à l'anglais pour bien comprendre un texte.

LA TÂCHE FINALE

Tu vas décrire une invention qui aide une personne à vivre avec une habileté différente.

Visite le site Web à :
www.pearsoned.ca/school/fsl

C'est la fin de semaine et tout le monde s'amuse! Qu'est-ce que les ami(e)s vont faire? Écoute bien.

Est-ce qu'une personne qui a une habileté différente peut participer à ces activités?

C

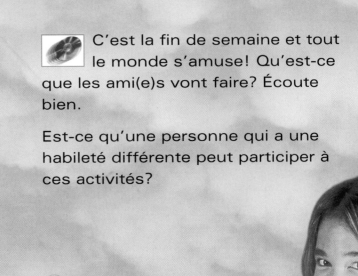

pour tout le monde

B

E

→ CAHIER p. 81

D

Sans frontières

Parlons!

Avant de lire

▪ Qu'est-ce que tu aimes faire en fin de semaine? Avec qui?

▪ Est-ce que tes activités préférées sont accessibles à tout le monde?

▪ Est-ce que tu as une habileté différente ou est-ce que tu connais quelqu'un qui a une habileté différente? Un(e) ami(e)? Une célébrité?

Enfin, c'est la fin de semaine! Tes ami(e)s et toi, qu'est-ce que vous allez faire pour vous amuser?

Est-ce que vous allez voir un film au cinéma? Vous allez naviguer sur Internet? Allez-vous acheter des vêtements? Même si un(e) de tes ami(e)s ou toi avez une déficience visuelle ou auditive, vous allez vous amuser!

Au magasin

Qu'est-ce qu'on va acheter au magasin? Est-ce que tu sais comment une personne malvoyante peut «voir» la couleur des vêtements? Il existe un petit appareil qui indique la couleur d'un objet. Quand on passe l'appareil sur l'objet, il annonce sa couleur. Au magasin, à la maison ou chez des ami(e)s, une personne malvoyante peut identifier la couleur de n'importe quel objet.

Au cinéma

Pour commencer la fin de semaine, tout le monde va voir le nouveau film au cinéma. Est-ce que tu sais comment une personne malentendante peut écouter un film? Elle peut demander des écouteurs de système infrarouge. Les écouteurs amplifient le volume du film pour la personne qui les porte.

- Un(e) aveugle est une personne qui ne peut rien voir. blind
- Un(e) malvoyant(e) est une personne qui a une déficience visuelle. cant see a lot
- Un(e) sourd(e) est une personne qui ne peut rien entendre. deaf
- Un(e) malentendant(e) est une personne qui a une déficience auditive. cant hear a lot

Sur Internet

Est-ce que tu sais comment une personne aveugle peut naviguer sur Internet? Il existe un adaptateur braille et un logiciel sonore. L'adaptateur braille écrit le texte de l'écran en braille sur l'adaptateur. Le logiciel sonore lit le texte sur l'écran à voix haute. C'est pratique! Tout le monde va profiter d'Internet.

Au téléphone

Est-ce que tu sais comment parler au téléphone avec une personne malentendante? Winnie va demander de l'aide à une téléphoniste pour appeler son amie malentendante, Katia.

La téléphoniste compose le numéro de Katia, l'amie de Winnie.

Chez Katia, un appareil électronique annonce son appel avec une lumière clignotante. Katia met le récepteur du téléphone dans un téléscripteur et la conversation commence!

Winnie va parler à la téléphoniste et la téléphoniste va taper le message au téléscripteur.

Katia va lire le message et elle va répondre à la téléphoniste avec un téléscripteur. Puis la téléphoniste va lire à Winnie le texte de Katia.

Tout le monde va communiquer! Cette façon de communiquer est aussi possible avec les téléphones cellulaires.

Au lit

Lundi matin arrive toujours trop vite, n'est-ce pas? Imagine que tu es une personne sourde. Comment te réveilles-tu à l'heure? Tu peux utiliser un appareil électronique. Tu mets un disque sous ton oreiller. À l'heure de ton réveil, le disque commence à vibrer et à faire bouger l'oreiller. Et si tu ne te réveilles pas? Tu ne vas pas arriver à l'école à l'heure!

Pour vérifier

D'après les textes, associe chaque description d'une technologie adaptative avec la personne qui va utiliser cette technologie : *une personne aveugle*, *une personne malvoyante*, *une personne sourde* ou *une personne malentendante*.

1. On peut demander des écouteurs.

2. Le réveille-matin commence à faire bouger l'oreiller.

3. Quand on veut parler avec un(e) ami(e), on va demander de l'aide à un(e) téléphoniste.

4. Quand on passe l'appareil sur l'objet, il annonce sa couleur.

5. Le logiciel sonore lit le texte sur l'écran à voix haute.

→ CAHIER p. 82

MOTS-CLÉS

à voix haute	un adaptateur	amplifier	un appareil
aveugle	braille	écouter	des écouteurs
malentendant(e)	malvoyant(e)	l'ouïe	sourd(e)
le volume	voir	la vue	

Ajoute ces nouveaux mots à ta liste de vocabulaire de base.

→ CAHIER p. 83

Comment
ça marche?

Le futur proche

Pour parler du futur, on utilise habituellement le futur proche. Regarde les phrases suivantes tirées du texte *Sans frontières*.

- ■ Est-ce que vous allez voir un film au cinéma?

- ■ Qu'est-ce qu'on va porter pour aller au magasin?

- ■ Winnie va demander de l'aide à une téléphoniste.

- ■ Tout le monde va profiter d'Internet.

- ■ Tu ne vas pas être à l'école à l'heure.

RÉFÉRENCES : le futur proche, pp. 142–143

Le futur proche

sujet	+	aller (au présent)	+ l'infinitif d'un verbe
je		vais	faire
tu		vas	avoir
il, elle, on		va	regarder
nous		allons	écouter
vous		allez	magasiner
ils, elles		vont	etc.

EXEMPLE : Ils vont dormir.
Au négatif : Ils *ne* vont *pas* dormir.

80

A Utilise le verbe aller au présent pour compléter les phrases suivantes.

> **EXEMPLE :** Je ▨▨▨▨ manger après l'école.
> Je vais manger après l'école.

1. Nous ▨▨▨▨ acheter le logiciel sonore ce soir.

2. Tu ▨▨▨▨ attendre ton ami à la cafétéria.

3. Les filles ▨▨▨▨ aller à la bibliothèque et elles ▨▨▨▨ chercher des livres en braille.

4. Vous ▨▨▨▨ rentrer à midi.

5. Jacqueline ▨▨▨▨ choisir ses vêtements avec un appareil qui annonce la couleur d'un objet.

B Maintenant, à l'oral, mets les phrases de la Partie A au négatif.

> **EXEMPLE :** Je ne vais pas manger après l'école.

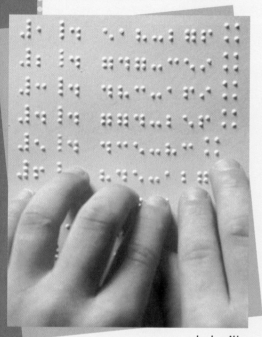

le braille

C Mets les phrases suivantes au futur proche.

> **EXEMPLE :** Elle va au cinéma.
> Elle va aller au cinéma.

1. Est-ce que vous choisissez des vêtements?

2. On ne regarde pas la télévision.

3. Je navigue sur Internet.

4. Ils ne répondent pas au téléphone.

5. Nous sommes à la maison ce soir.

→ **CAHIER** p. 84

en fauteuil roulant

À ton tour

- La classe est divisée en deux équipes.

- À ton tour, tu vas aller devant la classe.

- Le ou la professeur(e) va te montrer un message secret.

- Tu vas mimer l'activité du message.

- Les équipes doivent deviner l'activité et faire une phrase complète au futur proche, à la bonne personne.

- La première équipe qui donne la bonne réponse gagne un point.

À la tâche

La technologie peut aider une personne avec une habileté différente à faire toutes sortes d'activités.

ajuster un frein

- Imagine que tu es inventeur ou inventrice. Tu vas créer une nouvelle technologie pour des personnes avec une habileté différente. Laisse aller ton imagination!
  - Qui va utiliser cette technologie?
  - Comment l'appareil va-t-il fonctionner?

- Utilise le futur proche pour écrire quatre phrases qui décrivent cet appareil.

- Complète la fiche que ton ou ta professeur(e) te donne.

Une carrière *pas* ordinaire

Parlons!

Avant de lire

▪ Quelle est ta carrière préférée? Pourquoi?

▪ Connais-tu quelqu'un qui fait carrière dans le monde médical?

Pour la «Journée des carrières», Paula fait une entrevue à l'atelier de Vince Quinn et d'Ann Shigeishi.

Ann Shigeishi est prothésiste et Vince Quinn est technicien en prothèses. Ils aident les personnes qui ont perdu une jambe ou un bras à vivre avec une prothèse. Une prothèse est un appareil qui remplace la jambe ou le bras. Voici comment ils fabriquent une prothèse pour la jambe.

PAULA : Parlez-vous au client ou à la cliente avant de commencer?

ANN : Oui. Premièrement, je discute de la prothèse avec le ou la médecin, un ou une physiothérapeute, et avec le client ou la cliente. Nous parlons de ses activités, de ses besoins et de ses loisirs. Ensemble, nous déterminons quelle sorte de prothèse est nécessaire.

PAULA : Tous les clients ont-ils la même sorte de prothèses?

ANN : Non, chaque personne est différente. Regarde, par exemple, Laura. La cliente commence avec un modèle. Elle utilise le modèle pendant deux ou trois mois.

PAULA : Vince fabrique-t-il des prothèses permanentes?

ANN : Oui, quand la cliente est plus à l'aise avec une prothèse, je prends des mesures de la jambe. Je prépare un plâtre de la jambe. Ensuite, Vince commence à fabriquer une prothèse permanente pour la cliente.

PAULA : La cliente choisit-elle les détails?

ANN : Oui. La cliente choisit une prothèse confortable. Elle choisit aussi la couleur. Il est possible d'avoir toutes sortes de couleurs. Vince a fait une prothèse multicolore pour un petit garçon! La cliente choisit aussi le type de pied pour la prothèse. Le type de pied dépend du type de chaussures qu'elle aime porter et des activités qu'elle aime faire.

PAULA : Peut-elle participer à toutes sortes d'activités?

ANN : Mais oui! Avec une prothèse, on peut marcher, courir, sauter, danser, nager, faire du sport, etc. On peut participer à toutes les activités de la vie. →

PAULA : Fait-on de la recherche dans ce domaine?

ANN : Oui! On commence à rechercher comment simuler le toucher avec une prothèse.

PAULA : Moi, je veux être technicienne en prothèses ou prothésiste. Qu'est-ce qu'il faut faire?

ANN : Il faut suivre deux années d'études au collège pour être technicienne. Il faut aussi deux ans de collège pour être prothésiste. Il faut ensuite travailler deux ans comme interne. Ce sont des carrières où tu peux aider beaucoup de gens.

Pour vérifier

Réponds *vrai* ou *faux* aux phrases suivantes. N'oublie pas de donner la réponse correcte si la phrase est fausse.

1. Une prothèse est un appareil qui remplace une jambe ou un bras.
2. Le ou la prothésiste discute de la prothèse avec le client ou la cliente.
3. Le client ou la cliente utilise un modèle pendant deux ou trois semaines.
4. Le ou la médecin choisit une prothèse confortable.
5. Avec une prothèse, une personne peut faire du sport.

→ **CAHIER** p. 89

MOTS-CLÉS

un bras	une carrière	fabriquer	une jambe
un(e) médecin	un(e) physiothérapeute	un plâtre	une prothèse
un(e) prothésiste	la recherche	un(e) technicien(ne) en prothèses	

Ajoute ces nouveaux mots à ta liste de vocabulaire de base. → **CAHIER** p. 90

Les questions : L'inversion

Regarde les questions suivantes tirées du texte *Une carrière* pas *ordinaire*.

- Parlez-vous au client ou à la cliente avant de commencer?
- Tous les clients ont-ils la même sorte de prothèses?
- Vince fabrique-t-il des prothèses permanentes?
- La cliente choisit-elle les détails?
- Peut-elle participer à toutes sortes d'activités?

Il y a trois façons de poser une question.

Est-ce que...	**L'intonation**	**L'inversion**
Est-ce que vous parlez au client?	Vous parlez au client?	Parlez-vous au client?

Pour former une question avec l'inversion :

Vous parlez au client?
pronom sujet — verbe

Il fabrique la prothèse?
pronom sujet — verbe

Le client choisit les détails?
sujet — verbe

Parlez-vous au client?
verbe — pronom sujet

Fabrique-t-il la prothèse?
verbe — pronom sujet — pour la prononciation

Le client choisit-il les détails?
sujet — verbe — pronom sujet

RÉFÉRENCES : les questions, pp. 140–141

A Lis les phrases suivantes à voix haute. Utilise l'intonation pour poser la question.

EXEMPLE : Tu viens au cinéma avec moi?

1. Elles lisent le braille?

2. Ils communiquent par téléphone avec un téléscripteur?

3. Tu utilises des écouteurs au cinéma?

4. Paula veut être prothésiste?

5. Vince fabrique la prothèse?

B À l'oral, change les questions de la Partie A. Fais l'inversion.

EXEMPLE : Viens-tu au cinéma avec moi?

C À l'oral, change les questions suivantes en faisant l'inversion.

EXEMPLE : Est-ce qu'ils vont au cinéma à pied?
Vont-ils au cinéma à pied?

1. Est-ce que nous faisons le plâtre?

2. Est-ce qu'il utilise un téléscripteur?

3. Est-ce que vous êtes physiothérapeute?

4. Est-ce qu'on navigue sur Internet?

5. Est-ce que tu travailles comme interne?

en fauteuil roulant

→ **CAHIER** p. 91

À ton tour

Joue à *Qui es-tu?*

■ Sur une feuille de papier, crée une fiche biographique. Écris trois phrases pour décrire tes activités préférées. Utilise les mots que ton ou ta professeur(e) te donne. Écris un nom-mystère en haut de ta fiche (*Monsieur X, Madame Y*).

■ En groupes de trois, échangez vos trois fiches biographiques avec un autre groupe.

■ Chacun à votre tour, posez des questions (en utilisant l'inversion) à chaque membre de l'autre groupe.

■ Pouvez-vous identifier à qui appartiennent ces fiches biographiques?

À la tâche

■ Prends la description de ton invention de la première *À la tâche*. Échange ta description avec un ou une partenaire. Tu veux avoir plus d'information au sujet de son invention.

■ Sur une feuille de papier, prépare des questions sur son invention. Utilise l'inversion et les mots que ton ou ta professeur(e) te donne.

EXEMPLES :

- Combien l'appareil coûte-t-il?
- Peut-on choisir la couleur de l'appareil?
- Où peut-on utiliser l'appareil?
- Comment l'appareil fonctionne-t-il?

Un monde pour tout le monde

Paroles : Lena Gould et Étienne   Musique : Étienne

Parlons!

Avant de lire

▪ Est-il possible de faire du sport avec une prothèse?

▪ Est-ce que tu connais un(e) athlète qui a une habileté différente?

Refrain :

Un monde pour tout le monde

C'est ce que tout le monde veut

Un monde qui inclut

Toi et moi et des gens comme nous (bis)

Mon ami malvoyant, il est indépendant

Il va au centre commercial et il achète des vêtements

Mon amie aveugle, elle a un grand talent

Elle va à l'école et elle joue du saxophone

Mon ami sourd, il connaît beaucoup de gens

Il communique avec ses amis au téléphone

Refrain (bis)

Mon amie malentendante, toujours de bonne humeur

Elle va au cinéma et elle écoute un film d'horreur

Mon amie qui porte une prothèse, elle va au stade

Elle s'entraîne tous les jours pour les olympiades

Mon ami en fauteuil roulant, il adore le sport

Il joue au basket-ball et c'est lui le plus fort

Refrain (bis)

© Educorock Productions Inc., 2000

89

À l'oral, réponds en phrases complètes aux questions suivantes.

1. Qui va au centre commercial et achète des vêtements?

2. Qui va à l'école et joue du saxophone?

3. Qui connaît beaucoup de gens et communique avec ses amis au téléphone?

4. Qui va au stade et s'entraîne tous les jours?

5. Qui adore le sport et joue au basket-ball?

→ **CAHIER** p. 95

MOTS-CLÉS

s'entraîner	être de bonne / mauvaise humeur	un fauteuil roulant
inclure	indépendant(e)	les olympiades
un stade		

Ajoute ces nouveaux mots à ta liste de vocabulaire de base.

→ **CAHIER** p. 96

Les contractions : Les prépositions
à et *de* avec l'article défini

Regarde les phrases suivantes tirées de la chanson *Un monde pour tout le monde*.

- ■ Il va *au* centre commercial…
- ■ Elle joue *du* saxophone…
- ■ Il communique avec ses amis *au* téléphone…

Tu connais déjà les quatre formes d'articles définis :

singulier			pluriel
masculin	féminin	masc. ou fém. devant une voyelle ou un *h* muet	masc. ou fém.
le	la	l'	les
EXEMPLES :			
le laboratoire	la technicienne	l'hôpital	les client(e)s

Quand on utilise les prépositions à et de, l'article défini peut changer de forme.

de + l'article défini

de + le = du   Je fais du ski.
de + la = de la   Il sort de la maison.
de + l' = de l'   Nous partons de l'école.
de + les = des   Elles sortent des magasins.

à + l'article défini

à + le = au   Je vais au cinéma.
à + la = à la   Tu parles à la fille.
à + l' = à l'   Nous allons à l'école.
à + les = aux   Ils parlent aux élèves.

RÉFÉRENCES : les contractions, pp. 138–139

A Avec un ou une partenaire, lis les phrases suivantes. N'oublie pas d'utiliser des contractions quand c'est nécessaire.

EXEMPLES : On peut demander (à + le) technicien une prothèse multicolore.

On peut demander au technicien une prothèse multicolore.

1. Est-ce que la prothésiste pose des questions (à + les) clients?

2. Mon ami aveugle va (à + la) bibliothèque et il trouve des livres en braille.

3. Je vais écrire une lettre (à + le) médecin.

4. Travaillez-vous ensemble (à + l') atelier?

5. Le professeur distribue les examens et il ne parle pas (à + les) élèves.

B Utilise la préposition *de* avec *le*, *la*, *l'* ou *les*.

EXEMPLE :

Une personne aveugle peut lire un texte (de + l') adaptateur braille.

Une personne aveugle peut lire un texte de l'adaptateur braille.

1. Tu ne reviens pas (de + le) restaurant?

2. On peut parler (de + les) nouvelles.

3. La médecin finit son travail et elle part (de + l') hôpital.

4. Sortez-vous (de + la) piscine bientôt?

5. Quand allons-nous revenir (de + les) magasins?

 → **CAHIER** p. 97

lire en braille

À ton tour

Pense à ton invention. Tu vas parler de son utilité.

- Imagine plusieurs activités que les gens vont faire à l'aide de ton invention.

- Utilise au moins trois contractions.

- Tu peux utiliser les mots utiles que ton ou ta professeur(e) te donne pour compléter la description de ton invention sur ta feuille de papier.

    EXEMPLE : Avec mon invention, une personne aveugle va faire de la course au stade.

La tâche finale

Tu as déjà écrit une description de ton invention. Ton ou ta partenaire a préparé des questions à propos de ton invention.

- Maintenant, réponds à ses questions sur ta feuille de papier.

- Révise et corrige la description de ton invention. Prépare une description complète.

- Dessine ton invention sur une feuille de papier séparée.

- Présente ton invention à la classe et demande à ton ou ta partenaire de faire une entrevue.

→ **CAHIER** p. 99

peindre avec une prothèse

Visite le site Web à :
www.pearsoned.ca/school/fsl

Une aventure

Dans cette unité, tu vas...

PARLER

- d'un monde souterrain extraordinaire.

DÉCOUVRIR

- ce qu'il y a dans une grotte ou une caverne.

APPRENDRE

- à utiliser les verbes irréguliers *partir* et *sortir*;
- à faire l'accord du verbe quand il y a deux sujets dans une phrase;
- à regarder les photos et les illustrations pour bien comprendre un texte.

LA TÂCHE FINALE

En groupe, tu vas aider un(e) ami(e) à sortir d'une grotte. Tu vas dessiner le plan de la caverne. Ensuite, tu vas décrire les salles.

Visite le site Web à : www.pearsoned.ca/school/fsl

- Bienvenue à la grotte de Saint-Elzéar.
- Regarde à l'intérieur de la grotte.
- Qu'est-ce que tu vois?
- Qu'est-ce que les deux amis portent?

 Écoute la conversation entre Jonathan et Kendra.

→ CAHIER p. 102

94

souterraine

Sous terre, c'est super!

Parlons!

Avant de lire

▪ Est-ce que tu as déjà visité un endroit souterrain?

▪ Sous terre, fait-il chaud ou froid... noir ou clair?

▪ Quelles sortes d'animaux habitent sous terre?

stratégie de lecture

Tu peux deviner le sens d'un nouveau mot à l'aide des images.

Dans le texte suivant, trouve les mots ou les expressions qui vont avec les images.

Jonathan et Kendra arrivent à la grotte de Saint-Elzéar, au nord de la ville de Québec.

LA GUIDE : Bonjour, tout le monde! Je m'appelle Marie-Andrée Dubé. Je suis votre guide spéléo. Bienvenue à la célèbre grotte de Saint-Elzéar! C'est la plus vieille grotte du Québec. Elle date de plus de 230 000 ans. Vous et moi, nous allons entrer dans un monde mystérieux.

Sous terre, il faut porter de vieux vêtements chauds, des gants et de bonnes bottes. On ne porte pas de beaux souliers pour une expédition de spéléologie!

KENDRA : Pourquoi est-ce qu'il faut porter des vêtements chauds?

LA GUIDE : Dans la grotte, la température est d'environ 4°C toute l'année. Il y a presque 100 % d'humidité.

JONATHAN : Il faut porter des bottes pour protéger nos pieds...

LA GUIDE : Exactement! Sous terre, il faut être prudent. Il est nécessaire de porter un casque protecteur avec une lampe. C'est l'équipement spéléo indispensable. Faites attention : ne partez pas seul en expédition de spéléologie. Partez en groupe ou avec un ou une partenaire. Vous êtes prêts? Alors, partons à l'aventure!

KENDRA : L'entrée est très profonde, n'est-ce pas? Brr! Il fait déjà froid!

LA GUIDE : L'entrée, c'est le puits. Le puits est d'une profondeur de 12 mètres. Quand vous sortez du puits, vous voyez des salles énormes. Les grottes sont le résultat de l'érosion causée par l'eau.

JONATHAN : Les stalactites et les stalagmites sont vraiment belles.

KENDRA : Oh oui, c'est vrai! Elles sont fascinantes!

LA GUIDE : Mes amis, sortons de cette salle. Allons voir les chauves-souris qui habitent à l'intérieur de la grotte.

JONATHAN & KENDRA : Les chauves-souris!?

LA GUIDE : Calmez-vous. Elles ne vont pas vous attaquer!

JONATHAN : Les grottes sont vraiment étranges!

KENDRA : Il y a tellement de choses à voir. Marie-Andrée, qu'est-ce que c'est, les objets par terre?

LA GUIDE : Ce sont des ossements! Parfois, des animaux tombent dans le puits et ne peuvent pas en sortir.

JONATHAN : Oh là là! Mais les ossements sont très petits…

LA GUIDE : C'est le squelette d'un lemming d'Ungava. C'est un petit animal de l'Arctique.

KENDRA : L'Arctique? Pourquoi est-ce que les ossements sont ici?

LA GUIDE : Nous avons déjà trouvé des ossements de cinq espèces d'animaux qui n'existent pas dans notre région maintenant. Les ossements sont ici depuis la dernière période glaciaire; ça fait environ 15 000 ans!

JONATHAN : Hé, Kendra, regarde l'os! Il ressemble à une clé!

KENDRA : Dépêchons-nous! Le groupe sort de la grotte.

JONATHAN : Moi, je pars avec l'os!

LA GUIDE : Malheureusement, il faut laisser les ossements dans la grotte. Mais après la visite, on va regarder des photos du lemming et des autres animaux qui sont morts dans la grotte. Alors, on sort maintenant?

LA GUIDE : Merci tout le monde! Vous êtes maintenant des apprentis spéléologues.

JONATHAN : Il y a tant de choses intéressantes : la profondeur du puits, la température, les grandes salles…

KENDRA : Les stalactites, les stalagmites, les chauves-souris…

JONATHAN : Les ossements d'animaux…

KENDRA : C'est un autre monde!

JONATHAN : Un monde extraordinaire!

un lemming d'Ungava

Pour vérifier

Avec un ou une partenaire, lisez les phrases suivantes à voix haute.
À l'oral, mettez les phrases dans le bon ordre.

- ▢ Jonathan voit un os. Il ressemble à une clé.

- ▢ La guide indique l'équipement nécessaire pour faire de la spéléologie.

- ▢ Ils descendent dans le puits à 12 mètres de profondeur.

- ▢ La guide explique qu'il faut laisser les ossements dans la grotte.

- ▢ Jonathan et Kendra sortent d'une salle pour voir des chauves-souris.

→ **CAHIER** p. 103

MOTS-CLÉS

une caverne	une chauve-souris	l'équipement	une grotte
un os	des ossements	profond(e)	la profondeur
un puits	souterrain(e)	la spéléologie	un squelette
une stalactite	une stalagmite		

Ajoute ces nouveaux mots à ta liste de vocabulaire de base.

Les verbes *partir* et *sortir*

Les verbes *partir* et *sortir* sont des verbes irréguliers. Regarde les phrases suivantes tirées du texte *Sous terre, c'est super!*

- Moi, je pars avec l'os!
- Partons à l'aventure!
- Ne partez pas seul en expédition de spéléologie!

- Le groupe sort de la grotte.
- Mes amis, sortons de cette salle!
- Quand vous sortez du puits, vous voyez des salles énormes.

RÉFÉRENCES : les verbes irréguliers *partir* et *sortir*, p. 146

partir

au présent

je pars	nous partons
tu pars	vous partez
il part	ils partent
elle part	elles partent
on part	

à l'impératif

pars   partons   partez

sortir

au présent

je sors	nous sortons
tu sors	vous sortez
il sort	ils sortent
elle sort	elles sortent
on sort	

à l'impératif

sors   sortons   sortez

L'accord du verbe

La forme du verbe correspond au nombre du sujet. Regarde les phrases suivantes tirées du texte *Sous terre, c'est super!*

- Jonathan et Kendra arrivent à la grotte de Saint-Elzéar.
- Vous et moi, nous allons entrer dans un monde mystérieux.
- Les stalactites et les stalagmites sont vraiment belles.

RÉFÉRENCES : l'accord du verbe, p. 147

Les pronoms sujets

moi = **je**

toi = **tu**

le groupe = **il**

la stalactite = **elle**

moi et mes amis = **on**

moi et mes amis = **nous**

toi et tes amis = **vous**

le groupe et la guide = **ils**

la stalactite et la stalagmite = **elles**

A Fais des phrases avec le sujet entre parenthèses.

EXEMPLE : *Talia sort* de la grotte. (*ils*)
Ils sortent de la grotte.

1. *Je pars* en vacances au Québec. (*elle*)
2. *Carlos sort* de la grotte. (*je*)
3. *Nous partons* en expédition. (*vous*)
4. *Vous sortez* de cette salle? (*tu*)
5. *Elles partent* de Montréal. (*Paul*)

B Mets les phrases de la Partie A au négatif.

EXEMPLE : *Talia ne sort pas* de la grotte.
Ils ne sortent pas de la grotte.

C Choisis le bon pronom sujet.

1. la guide et moi = //////
2. ton ami et toi = //////
3. Kendra et la guide = //////
4. Kendra et Jonathan = //////
5. toi et moi = //////

D Fais des phrases avec le sujet entre parenthèses. N'oublie pas de faire l'accord du verbe.

EXEMPLE : *Je sors* de la caverne. (*Kendra et la guide*)
Kendra et la guide sortent de la caverne.

vue intérieure d'une grotte

1. *La chauve-souris sort* de la grotte. (*le groupe et moi*)
2. *Nous partons* en expédition. (*la guide et toi*)
3. *Je pars* au Québec. (*Jonathan et ses amis*)
4. *Vous sortez* du puits. (*la guide et les spéléologues*)
5. *La classe part* pour la grotte de Saint-Elzéar. (*le professeur et les étudiants*)

→ **CAHIER** p. 104

À ton tour (Parties A et B)

A ■ Avec un ou une partenaire, écrivez dans vos cahiers quatre phrases pour décrire une grotte.

■ Utilisez les verbes suivants. Demandez à deux autres élèves de corriger vos phrases.

EXEMPLES : Je touche de la terre humide.
J'entends de l'eau qui coule.

> **Les sens**
>
> Je vois…
> J'entends…
> Je touche…
> Je sens…

→ **CAHIER** p. 108

B ■ En groupes, jouez à un jeu de mémoire. Qu'est-ce que vous trouvez dans la caverne?

■ La première personne commence le jeu avec l'expression «Je sors de la salle et je trouve…»

■ La deuxième personne devient membre du groupe et ajoute un objet. Chaque membre du groupe doit parler au moins une fois.

→ **CAHIER** p. 109

La tâche finale

Perdu(e) dans la grotte!

Votre ami(e) est perdu(e) dans la grotte de Saint-Elzéar!
Aidez votre ami(e) à en sortir. En groupes, lisez le passage
à voix haute. Ensuite, faites l'activité dans vos cahiers.

Tu vois des ossements. Tu es dans la Salle des lemmings d'Ungava. Sors de la salle.

Tu entends des chauves-souris. Tu es dans la Salle des ours. Pars de la salle.

Tu vois des stalactites et des stalagmites dans la Grande Salle. Pars de la salle.

Tu vois le puits. Monte dans le puits et sors de la grotte.

→ **CAHIER** p. 110

Tout est possible...

Unité 8

Dans cette unité, tu vas...

PARLER

- de constructions et de l'inspiration des architectes.

DÉCOUVRIR

- plusieurs constructions.

APPRENDRE

- les nombres de 0 à 1 000.

RÉVISER

- les adjectifs démonstratifs;
- les adjectifs irréguliers;
- les adjectifs qualificatifs placés avant le nom;
- le futur proche;
- les verbes *vouloir*, *pouvoir* et *devoir*.

LA TÂCHE FINALE

Tu vas créer un projet de construction. Tu vas dessiner ta construction et la présenter à la classe.

Visite le site Web à :
www.pearsoned.ca/school/fsl

Le plan d'un architecte

1

4 m x 5m

2.5 m x 2 m

5 m x 1.5 m

3.5 m x 3.5 m

2 m x 2.5 m

Les architectes Dupont & Dubois

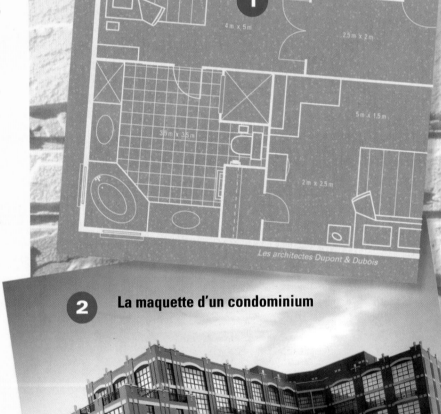

2 **La maquette d'un condominium**

3 Le dessin d'une ingénieure

Le dessin d'une maison imaginaire

4

5

Le dessin d'une cour de récréation

Écoute bien. Regarde les illustrations et les plans des constructions. Quelle illustration est la plus intéressante? Pourquoi?

→ **CAHIER** p. 113

Des constructions
à travers le monde

Parlons!

Avant de lire

◻ Nommez des constructions célèbres que vous connaissez.

◻ Qu'est-ce que tu trouves intéressant dans une construction?
- ses matériaux de construction?
- son histoire?
- sa fonction?
- sa dimension?

Les pyramides de Tucume
au Pérou

On trouve des pyramides dans plusieurs régions du monde. Les pyramides les plus connues sont en Égypte, mais il y en a aussi ailleurs au Moyen-Orient, en Amérique centrale et en Amérique du Sud. Ces pyramides servent de tombes et de monuments religieux. Au nord du Pérou, dans la région de Tucume, des archéologues ont découvert 26 pyramides. Elles datent de plus de 1 000 ans. La pyramide de Huaca Larga mesure 600 mètres de longueur. À l'intérieur, il y a quatre tombes. Les archéologues y ont trouvé 16 corps de personnes sacrifiées aux dieux.

stratégies de lecture

Quand tu lis un texte, pense aux stratégies que tu connais :
- regarde les images;
- identifie le contexte;
- trouve les mots-clés;
- trouve les mots familiers;
- identifie les mots qui ressemblent à l'anglais.

La Grande Muraille de Chine en Asie

Ce mur est une des plus grandes constructions au monde. Il est fait de pierre, de brique, de ciment et de terre. Le mur mesure entre quatre mètres et demi et neuf mètres de largeur. Sa hauteur est d'environ sept mètres et demi.

Au début, il sert de fortification contre les attaques ennemies. Entre 221 et 206 avant notre ère, la Dynastie Qin relie des sections de cette fortification. Le mur mesure plus de 5 000 kilomètres. Pendant plus de 280 ans, entre 1363 et 1644, la Dynastie Ming allonge le mur et ajoute des tours et des canons. Il mesure alors 6 400 kilomètres.

Maintenant, la Grande Muraille de Chine représente une attraction touristique importante.

Les villes creusées dans la roche

en Cappadoce, en Turquie

Il y a 10 millions d'années, des éruptions volcaniques déposent 100 à 150 mètres de roche dans la région de la Cappadoce, en Turquie. Dans cette roche, appelée *tuf*, l'érosion sculpte des cônes et des montagnes.

Quand les premiers habitants de la Cappadoce arrivent dans la région, ils commencent à creuser des villes dans le *tuf*. Depuis 2 500 ans, ces habitants creusent des maisons, des magasins, des restaurants, des hôtels et d'autres constructions dans la roche volcanique. Ils construisent parfois des escaliers et des murs extérieurs en brique et en pierre. Ces villes creusées dans la roche offrent une bonne protection contre les éléments extérieurs.

Le Centre Georges Pompidou à Paris, en France

Situé au cœur de Paris, le Centre Pompidou est un édifice massif de 65 000 mètres carrés. Il a été construit entre 1972 et 1976 et a coûté 100 millions de dollars. Son style moderne est très original. Il est fait d'acier et de verre. Les escalateurs passent dans des tubes transparents, à l'extérieur de l'édifice.

Ce centre a quatre fonctions : à l'intérieur, il y a un musée d'art moderne, une bibliothèque, le Centre de création industrielle, et l'Institut de recherche en acoustique et en musique. Plus de sept millions de Français et de touristes visitent le Centre Pompidou chaque année. Deux fois plus de visiteurs qu'à la tour Eiffel!

La tour CN

à Toronto, au Canada

La tour CN domine la ville de Toronto. C'est aussi une attraction touristique qui attire deux millions de visiteurs par année.

La tour CN mesure 553,33 mètres de hauteur. Cette tour a une fonction précise : elle sert de relais de télécommunications. Elle est faite de métal et de béton.

Des centres d'observation, on a une belle vue sur la ville. À 342 mètres, il y a le plancher de verre et la galerie extérieure. Il y a aussi un restaurant tournant, à 351 mètres. Ce restaurant fait une rotation toutes les 72 minutes. Le plus haut centre d'observation est à 447 mètres.

Pour monter en haut de la tour, il y a deux ascenseurs rapides et un grand escalier au centre de la tour. Cet escalier a 1 776 marches!

Le pont Akashi à Kobe, au Japon

Ouvert le 5 avril 1998, ce pont suspendu relie la ville de Kobe et l'Île de Awajishima par une autoroute de six voies. C'est le plus long pont suspendu au monde. Il mesure 3 911 mètres de longueur.

Il est fait de différents métaux, mais surtout d'acier. Toutes les fondations du pont sont faites pour résister aux tremblements de terre. Le pont est assez flexible pour tolérer le mouvement et les grands vents. Plus de 1 400 bateaux passent chaque jour sous ce pont. Le style du pont Akashi est futuriste.

Pour vérifier

À l'oral, associe les constructions et les caractéristiques.

1. La pyramide de Huaca Larga
2. La Grande Muraille
3. Des éruptions volcaniques
4. La tour CN
5. Le pont Akashi

a) mesure environ 7,5 mètres de hauteur.
b) mesure 3 911 mètres de longueur.
c) mesure 600 mètres de longueur.
d) déposent 100 à 150 mètres de roche en Cappadoce.
e) mesure 553,33 mètres de hauteur.

→ CAHIER p. 114

MOTS-CLÉS

l'acier	allonger	un archéologue	un ascenseur
le béton	creuser	déposer	un escalateur
mètres carrés	la pierre	un pont suspendu	relier
résister	une tour	un tremblement de terre	une voie

Ajoute ces nouveaux mots à ta liste de vocabulaire de base.

→ CAHIER p. 116

Révision

Les adjectifs démonstratifs

Regarde les phrases suivantes tirées du texte *Des constructions à travers le monde.*

- *Ce* mur est une des plus grandes constructions au monde.
- *Cet* escalier a 1 776 marches!
- *Cette* tour a une fonction précise…
- Depuis 2 500 ans, *ces* habitants creusent des maisons…
- *Ces* pyramides servent de tombes et de monuments religieux.

RÉFÉRENCES : les adjectifs démonstratifs, p. 129

un lama au Pérou

Les nombres de 0 à 1 000

Regarde les phrases suivantes tirées du texte.

- La pyramide de Huaca Larga mesure 600 (six cents) mètres de longueur.
- Pendant plus de 280 (deux cent quatre-vingts) ans…, la Dynastie Ming allonge le mur.
- …des éruptions volcaniques déposent 100 (cent) à 150 (cent cinquante) mètres de roche…
- Il y a aussi un restaurant tournant, à 351 (trois cent cinquante et un) mètres.
- Le plus haut centre d'observation est à 447 (quatre cent quarante-sept) mètres.

RÉFÉRENCES : les nombres de 0 à 1 000, p. 153

0	zéro
100	cent
101	cent un
200	deux cents
300	trois cents
390	trois cent quatre-vingt-dix
400	quatre cents
500	cinq cents
600	six cents
700	sept cents
800	huit cents
900	neuf cents
1 000	mille

pratique orale

A Remplace l'article défini par le bon adjectif démonstratif.

EXEMPLE : *Les* gens habitent dans des maisons.
Ces gens habitent dans des maisons.

1. *La* tour est la construction la plus haute au monde.
2. *Les* pyramides servent de tombes.
3. Sept millions de personnes visitent *le* centre chaque année.
4. *L'*archéologue étudie les pyramides de Tucume.
5. Les escalateurs passent dans *les* tubes transparents.

le sphinx

B Lis les phrases suivantes à voix haute. Identifie les nombres.

1. La tour mesure trois cent quatre-vingts mètres.
2. Cet édifice a coûté cent cinquante millions de dollars.
3. Cette pyramide mesure cinq cent trente et un mètres de long.
4. La construction a duré plus de trois cents ans.
5. Neuf cents touristes visitent chaque jour cette ville creusée dans la roche.

C Lis les phrases suivantes à voix haute.

EXEMPLE : Ce bâtiment mesure 291 mètres.
«Ce bâtiment mesure *deux cent quatre-vingt-onze* mètres.»

1. Cette autoroute mesure 435 kilomètres.
2. Il y a 993 personnes dans ce village.
3. Le volcan a déposé 145 mètres de roche.
4. Du restaurant tournant, la vue est de 360 degrés.
5. Pendant 280 ans, la Dynastie Ming a allongé le mur.

→ **CAHIER** p. 117

À ton tour

Dans le texte *Des constructions à travers le monde*, quelle est ta construction préférée?

■ Donne une description de ta construction favorite : décris sa grandeur, sa fonction et ses matériaux de construction.

■ Explique pourquoi c'est ta construction préférée.

■ Présente des faits intéressants sur cette construction.

■ Pour t'aider, regarde le plan de présentation dans ton cahier.

→ **CAHIER** p. 119

À la tâche

Avec un ou une partenaire, imaginez que vous êtes des architectes. Vous voulez faire une construction.

■ Imaginez votre construction.

■ Pensez à la fonction, à l'endroit, aux matériaux et aux dimensions.

■ Écrivez quelques notes dans vos cahiers pour décrire votre construction.

→ **CAHIER** p. 119

une ruche

Des constructions
inspirées de la nature

Parlons!

Avant de lire

▪ Est-ce qu'il y a des similarités entre les constructions faites par les êtres humains et les formes naturelles?

▪ Discute des constructions que tu connais et qui imitent des formes naturelles.

L'Opéra de Sydney en Australie

Construction : de 1958 à 1973

Cette très belle construction de béton et de tuiles en céramique est située dans le port de Sydney. Des spectacles sont présentés dans cet énorme centre artistique.

Par sa forme et sa situation au bord de la mer, l'Opéra imite les beaux coquillages de la mer et les bateaux à voile dans le vent.

stratégies de lecture

Quand tu lis un texte, pense à ton expérience personelle.
Pense aussi aux stratégies que tu connais déjà.

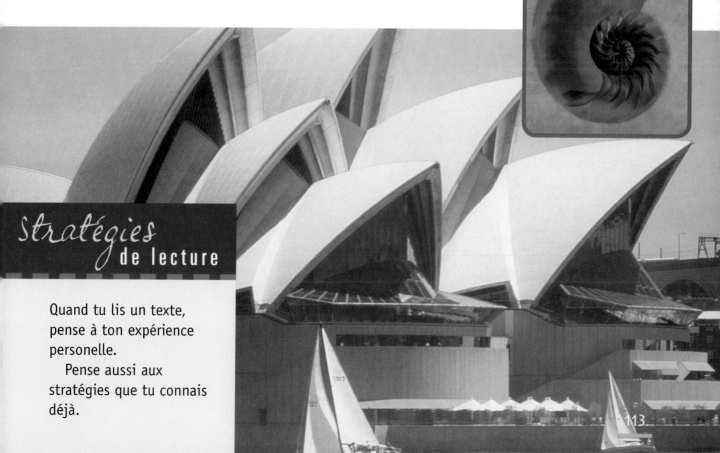

113

Les tours jumelles Petronas

à Kuala Lumpur, en Malaisie

Construction : de 1996 à 1998

Situé au centre-ville de Kuala Lumpur, ce complexe est le bâtiment le plus haut du monde. Il mesure 452 mètres. Au 41e étage, un pont relie les deux gratte-ciel.

Ce complexe de 88 étages est fait de béton, d'acier et de verre. Il a plus de 32 000 fenêtres! Les tours jumelles ressemblent beaucoup à une fourmilière.

Une des entrées du Métro de Paris en France

Construction : de 1899 à 1905

Depuis 1900, beaucoup de Parisiens utilisent le métro de Paris comme moyen de transport.

Plusieurs bouches de métro imitent des formes naturelles gracieuses. Elles sont faites de fer et de verre. Ces constructions originales sont en forme de plantes : les lampes et les clôtures ressemblent à des fleurs ou des plantes.

114

Le barrage Hoover

près de Las Vegas, aux États-Unis

Construction : de 1931 à 1935

Cette grosse construction pèse plus de 6,6 millions de tonnes et mesure 221 mètres de hauteur! Ce barrage hydro-électrique fournit l'électricité à 1,3 million de personnes chaque année. Il empêche aussi le fleuve Colorado de déborder.

Les castors construisent leurs barrages ingénieux avec des branches et de la terre. Le barrage Hoover a été construit de la même façon, mais avec des colonnes de béton et du ciment.

Le pont suspendu Capilano **à Vancouver, au Canada**

Construction : 1956

Ce pont est suspendu à 70 mètres au-dessus de la rivière Capilano, et il mesure 140 mètres. Il ressemble à un long fil d'araignée.

Il est fait de métal, de bois et de cordes. Le pont craque et bouge quand on le traverse, mais il supporte le poids de 850 000 visiteurs chaque année. Le premier pont a été construit en 1889. Le pont actuel est le quatrième à cet endroit.

A Sydney
B Kuala Lumpur
C Paris
D Las Vegas
E Vancouver

Pour vérifier

À l'oral, réponds aux questions suivantes.

1. À quoi ressemble l'Opéra de Sydney?

2. D'où vient l'inspiration des tours jumelles Petronas?

3. Quelles constructions ressemblent à des plantes ou à des fleurs?

4. Quelles sont les matériaux de construction du barrage Hoover?

5. De quoi est fait le pont Capilano?

→ **CAHIER** p. 120

de la roche volcanique

MOTS-CLÉS

l'acier	un barrage	le béton	le bois
le ciment	une corde	déborder	un étage
le fer	une fourmilière	gracieux / gracieuse	un gratte-ciel
jumeau / jumelle	peser	une tuile	le verre

Ajoute ces nouveaux mots à ta liste de vocabulaire de base.

Révision

Les adjectifs qualificatifs irréguliers

Regarde les phrases suivantes tirées du texte *Des constructions inspirées de la nature*.

- Les tours *jumelles* ressemblent beaucoup à une fourmilière.

- Plusieurs bouches de métro imitent des formes naturelles *gracieuses*.

- Il ressemble à un *long* fil d'araignée.

masculin singulier	féminin singulier	masculin pluriel	féminin pluriel
jum**eau**	jum**elle**	jum**eaux**	jum**elles**
gracieu**x**	gracieu**se**	gracieu**x**	gracieu**ses**
lon**g**	lon**gue**	lon**gs**	lon**gues**

RÉFÉRENCES : les adjectifs qualificatifs irréguliers, pp. 132–134

Les adjectifs qualificatifs placés avant le nom

Regarde les phrases suivantes tirées du texte *Des constructions inspirées de la nature*.

- Il ressemble à un *long* fil d'araignée.

       ↑ ↑

    adjectif nom

- Des spectacles sont présentés dans cet *énorme* centre artistique.

       ↑   ↑

    adjectif nom

RÉFÉRENCES : la place des adjectifs qualificatifs, pp. 134–135

A Lis les phrases suivantes et choisis la bonne forme de l'adjectif.

1. Le toit de l'Opéra de Sydney est une construction ////////. (<u>ingénieux/ingénieuse</u>)

2. Les tours jumelles Petronas sont le résultat d'un projet très ////////. (ambitieux/<u>ambitieuse</u>)

3. Les barrages //////// des castors sont l'inspiration des barrages hydro-électriques. (<u>naturels/naturelles</u>)

4. Les touristes espèrent que le //////// pont Capilano va tenir! (<u>dernier/dernière</u>)

5. Les bouches de métro à Paris sont les plus //////// (beaux/<u>belles</u>) au monde!

un castor

B Lis les phrases suivantes à voix haute avec l'adjectif à la bonne place. L'adjectif qualifie le nom en **caractères gras**.

1. Les **tours** Petronas sont des gratte-ciel impressionnants. (jumelles)

2. Le **pont** suspendu Capilano a été construit en 1956. (nouveau)

3. Les castors utilisent des **branches** et de la terre pour construire leurs barrages. (petites)

4. L'architecte a utilisé du fer et du verre pour fabriquer les **formes** des bouches de métro à Paris. (gracieuses)

5. L'Opéra de Sydney est un **centre** artistique. (beau)

un coquillage

→ **CAHIER** p. 121

À ton tour

- Écoute le poème *Mes grandes montagnes russes*.

- Écris les mots qui manquent dans ton cahier.

- À deux, écrivez un poème sur une construction imaginaire.

- Lisez les instructions dans vos cahiers.

→ **CAHIER** p. 124

des montagnes russes

À la tâche

- Avec ton ou ta partenaire, imaginez que vous êtes des architectes.

- Vous faites une construction qui ressemble à une forme naturelle.

- À quoi votre construction ressemble-t-elle?

- Décrivez votre construction en un paragraphe. Suivez le modèle dans vos cahiers.

→ **CAHIER** p. 125

DES FORMES NATURELLES

un animal	un arbre	un coquillage	des dunes
une feuille	une fleur	un insecte	une montagne
un nuage	un œuf	un oiseau	un pigeonnier
une plante	un poisson	une roche	une sphère

Le concours
de châteaux de sable

Parlons!

Avant de lire

▧ Est-ce que tu as déjà fait une construction avec des matériaux naturels?

▧ Donne des exemples de constructions qu'on peut faire avec des matériaux naturels.

Céline et André sont aux Îles de la Madeleine, près de la côte du Nouveau-Brunswick. Ils participent au concours annuel de châteaux de sable. Lena, une journaliste, interviewe Céline et André.

LENA : Bonjour, et bienvenue au concours de châteaux de sable des Îles de la Madeleine!

CÉLINE : Merci Lena, nous sommes contents de participer au concours cette année!

ANDRÉ : Oui, nous voulons montrer nos talents d'architecte et d'ingénieur, mais surtout, nous voulons faire une belle construction.

LENA : Votre château de sable va-t-il ressembler à un vrai château?

ANDRÉ : Non. Les participants peuvent choisir d'autres constructions. Céline et moi voulons faire une réplique du parlement d'Ottawa.

LENA : Oh là là! C'est un projet très ambitieux!

CÉLINE : Oui, c'est un gros projet, alors on a préparé une petite maquette et un plan. On doit suivre notre plan, sinon on va avoir de la difficulté.

LENA : Vous savez suivre un plan?

CÉLINE : Oh oui! André et moi avons beaucoup d'expérience. On doit avoir un plan précis, c'est sûr.

LENA : Pouvez-vous utiliser différents matériaux, ou devez-vous utiliser seulement du sable?

ANDRÉ : On peut utiliser de petites pierres, des coquillages et des branches, mais on doit surtout utiliser du sable.

LENA : C'est un beau projet! Bonne chance!

CÉLINE : Merci Lena. Je crois qu'on va passer une bonne journée.

ANDRÉ : Ça va être beau de voir une grande construction canadienne sur la plage, n'est-ce pas?

LENA : Ça va être magnifique!

Pour vérifier

À l'oral, réponds aux questions suivantes en phrases complètes.

1. Où se trouvent les Îles de la Madeleine?
2. À quel genre de concours participent Céline et André?
3. Qui est Lena?
4. Qu'est-ce que Céline et André ont préparé pour pouvoir construire leur réplique?
5. Quels matériaux les participants peuvent-ils utiliser?

→ **CAHIER** p. 126

MOTS-CLÉS

ambitieux / ambitieuse	un / une architecte	un château
un concours	un ingénieur / une ingénieure	une maquette
précis(e)	une réplique	le sable

Ajoute ces nouveaux mots à ta liste de vocabulaire de base.

Comment ça marche?

Révision

Le futur proche

Regarde la phrase suivante tirée du texte *Le concours de châteaux de sable*.

■ Ça **va être** magnifique!

RÉFÉRENCES : le futur proche, pp. 142–143

Les verbes irréguliers *vouloir, pouvoir* et *devoir*

Regarde les phrases suivantes tirées du texte *Le concours de châteaux de sable*.

■ ...nous **voulons faire** une belle construction.

■ **Pouvez**-vous **utiliser** différents matériaux, ou **devez**-vous **utiliser** seulement du sable?

RÉFÉRENCES : les verbes irréguliers, pp. 145–146

Pratique orale

À l'oral, fais des phrases complètes avec le verbe entre parenthèses.

1. L'architecte ▨▨▨▨ préparer un plan détaillé. (devoir)

2. La construction ▨▨▨▨ être solide. (aller)

3. Nous ▨▨▨▨ bâtir une réplique du parlement d'Ottawa. (aller)

4. Nous ▨▨▨▨ remporter le concours. (vouloir)

5. Je ▨▨▨▨ fabriquer un édifice original. (pouvoir)

→ **CAHIER** p. 127

À ton tour

Céline et André ont gagné le troisième prix au concours de châteaux de sable aux Îles de la Madeleine. Lena, la journaliste, retourne les interviewer à la fin de la journée.

■ Écoute l'entrevue avec Céline et André après le concours.

■ Remplis leurs fiches biographiques dans ton cahier.

■ Ensuite, remplis ta fiche biographique.

 → CAHIER p. 130

La tâche finale

Pour votre tâche finale, vous allez dessiner et présenter votre projet de construction.

■ Utilisez vos fiches biographiques et vos idées des deux sections *À la tâche*.

■ Préparez la présentation orale de votre projet dans vos cahiers.

■ Faites votre dessin.

 ■ Présentez votre construction.

→ CAHIER p. 131

Ça marche!

Devinette

La réponse à cette devinette te donne un indice. Retourne dans ton livre pour trouver la page qui a l'image correspondante.

Il ronronne quand il est content et il fait «miaou» quand il a faim.

Va à la page 142 de ton cahier pour écrire ce mot-indice dans la Partie A.

Virelangue

- Claude parle-t-il à Claire quand elle prend ses cliques et ses claques et elle fait claquer ses doigts?
- Joues-tu de la musique classique à la clarinette en classe quand la cloche sonne?

Jouons!

Le goût du risque

- Formez des équipes de trois.
- Un(e) élève de l'équipe n° 1 choisit une pochette. L'enseignant(e) tire une phrase de cette pochette.
- L'enseignant(e) lit la phrase à voix haute.
- Les membres de l'équipe n° 1 doivent changer la phrase en question avec l'inversion.
- Si l'équipe réussit, elle gagne 10 points.
- Le jeu continue avec l'équipe n° 2, l'équipe n° 3, etc.
- L'équipe qui a le plus de points à la fin du jeu gagne.

→ CAHIER pp. 133–134

Devinette

La réponse à cette devinette te donne un indice. Retourne dans ton livre pour trouver la page qui a l'image correspondante.

> **Il peut aboyer et japper. Il aime jouer. Son petit est un chiot.**

Va à la page 142 de ton cahier pour écrire ce mot-indice dans la Partie B.

Virelangue

- Les filles qui font du ski de fond frappent à la porte de la ferme pour sortir du froid.
- France joue dans la fanfare à la fête des Français au Fort près de la frontière.

Jouons!

Une course contre la montre

- L'enseignant(e) va donner à chaque élève un morceau de papier avec deux expressions.
- L'enseignant(e) commence le jeu. Il ou elle lit une expression à voix haute.
- L'élève qui a la même expression à gauche lit cette expression à voix haute, et ensuite l'expression à droite.
- Chaque élève doit écouter attentivement si il ou elle a cette même expression à gauche. Si oui, il ou elle lit cette expression à voix haute. Ensuite, il ou elle lit l'expression à droite.
- On continue jusqu'à la fin des expressions.
- L'enseignant(e) peut noter le temps que ça prend pour terminer le jeu. À chaque jeu, il faut essayer de prendre moins de temps.

→ CAHIER pp. 135–136

La réponse à cette devinette te donne un indice. Retourne dans ton livre pour trouver la page qui a l'image correspondante.

> **Quand on fait de l'exploration, on porte quelque chose pour protéger nos pieds.**

Va à la page 142 de ton cahier pour écrire ce mot-indice dans la Partie C.

Virelangue

- Pierre part pour Paris passer un peu de temps avec Grand-Papa.
- Sam sort ce soir sans ses sandales pour sauter dans le sable avec Sandrine.

Jouons!

La chaîne des phrases

- Un(e) élève choisit un morceau de papier et lit la phrase à voix haute.
- L'enseignant(e) va annoncer le changement qu'il faut faire.

   EXEMPLES :

   - Mets la phrase au négatif.
   - Crée une question avec *est-ce que*.
   - Crée une question avec l'inversion.
   - Mets la phrase au futur proche.

   EXEMPLES :

   - Phrase originale : Elle part à l'aventure.
   - (Au négatif) : Elle ne part pas à l'aventure.
   - (Une question avec *est-ce que*) : Est-ce qu'elle part à l'aventure?
   - (Une question avec l'inversion) : Part-elle à l'aventure?
   - (Au futur proche) : Elle va partir à l'aventure.

→ CAHIER p. 137

La réponse à cette devinette te donne un indice. Retourne dans ton livre pour trouver la page qui a l'image correspondante.

> **Elle dort la tête en bas toute la journée. Elle est active la nuit.**

Va à la page 142 de ton cahier pour écrire ce mot-indice dans la Partie D.

Virelangue

- Toi et moi mangeons un melon à midi avec nos mains, mais Mélanie mange de la mousse.
- La guide et le groupe explorent la grotte pendant que Grégoire et Gretchen grignotent leur gros gâteau.

Jouons!

Course de relais au tableau

- Formez des groupes de quatre.
- L'enseignant(e) écrit au tableau un sujet composé et un verbe à l'infinitif (exemple : Le groupe et la guide, chercher).
- Le jeu commence : c'est une course de relais.
- L'élève n° 1 de chaque équipe va vite au tableau. Il ou elle écrit le pronom équivalent (exemple : ils).
- Les élèves n° 1 retournent vite s'asseoir.
- La course continue.
- L'élève n° 2 de chaque équipe va au tableau et écrit la forme correcte du verbe (exemple : cherchent).
- L'élève n° 3 de chaque équipe va au tableau et écrit une fin pour la phrase (exemple : des ossements).
- L'élève n° 4 de chaque équipe se lève et lit la phrase de son équipe à voix haute.
- L'équipe qui termine le plus vite gagne 10 points.
- Le jeu continue. L'enseignant(e) écrit au tableau un autre sujet composé et un verbe à l'infinitif.
- Maintenant, on commence avec l'élève n° 2 au tableau en premier.

→ **CAHIER** pp. 138–139

La réponse à cette devinette te donne un indice. Retourne dans ton livre pour trouver la page qui a l'image correspondante.

> **Il habite en Amérique du Sud. Il ressemble à un chameau sans bosse.**

Va à la page 142 de ton cahier pour écrire ce mot-indice dans la Partie E.

- Susie met cinq cent cinquante-cinq sous sur son sac sec.
- Sept cents moins six cents plus cinq cents font sans doute six cents.
- Sept cent soixante-dix-sept moins six cent soixante-six plus cinq cent cinquante-six font six cent soixante-sept.

La répétition rapide

- L'enseignant(e) choisit 15 nombres de 0 à 1 000.
- Il ou elle écrit ces nombres sur les morceaux de papier rouges.
- Il ou elle écrit ces mêmes nombres sur les morceaux de papier bleus.
- La classe est divisée en deux groupes, selon la couleur du morceau de papier.
- L'enseignant(e) dit à voix haute un des nombres du jeu.
- Deux élèves dans la classe ont ce nombre : un(e) élève dans chaque équipe.
- Le premier élève ou la première élève qui lève la main prononce le nombre à voix haute. Cette équipe gagne 10 points.

→ **CAHIER** pp. 140–141

Les adjectifs démonstratifs

- On utilise un adjectif démonstratif pour désigner une chose ou une personne spécifique.

- L'adjectif démonstratif est placé avant le nom.

- L'adjectif s'accorde toujours en *genre* (masculin ou féminin) et en *nombre* (singulier ou pluriel) avec le nom.

EXEMPLES :

Ce voyage est intéressant.
masc. sing.

Cette destination est fascinante.
fém. sing.

Ces endroits sont magnifiques.
masc. plur.

Ces maisons sont originales.
fém. plur.

masculin singulier	féminin singulier	masculin pluriel	féminin pluriel
ce / cet*	cette	ces	ces
EXEMPLES :			
Regarde ce livre.	Regarde cette page.	Regarde ces livres.	Regarde ces pages.
J'aime cet* article.	J'aime cette photo.	J'aime ces articles.	J'aime ces photos.
Cet * homme est grand.	Cette femme est grande.	Ces hommes sont grands.	Ces femmes sont grandes.

* devant un nom masculin qui commence avec une *voyelle* ou un *h* muet

Les adjectifs possessifs

- On utilise les adjectifs possessifs pour indiquer une relation de possession.
- Comme tous les adjectifs, l'adjectif possessif s'accorde en *genre* (masculin ou féminin) et en *nombre* (singulier ou pluriel) avec le nom qu'il accompagne.

EXEMPLES :

mon	J'ai **un chat**. (masc. sing.)	C'est **mon** chat. (masc. sing.)
ma	J'ai **une gerbille**. (fém. sing.)	C'est **ma** gerbille. (fém. sing.)
mes	J'ai **deux lapins**. (masc. plur.)	Ce sont **mes** lapins. (masc. plur.)
mes	J'ai **des tortues**. (fém. plur.)	Ce sont **mes** tortues. (fém. plur.)

ton	Tu vas à l'école à **vélo**. (masc. sing.)	C'est **ton** vélo. (masc. sing.)
ta	Tu as **une chambre**. (fém. sing.)	C'est **ta** chambre. (fém. sing.)
tes	Tu portes **des vêtements**. (masc. plur.)	Ce sont **tes** vêtements. (masc. plur.)
tes	Tu parles à **des amies**. (fém. plur.)	Ce sont **tes** amies. (fém. plur.)

son	Mona a un **frère**. (masc. sing.)	C'est **son** frère. (masc. sing.)
sa	Samuel a **une sœur**. (fém. sing.)	C'est **sa** sœur. (fém. sing.)
ses	Tricia a **des parents**. (masc. plur.)	Ce sont **ses** parents. (masc. plur.)
ses	James a **quatre cousines**. (fém. plur.)	Ce sont **ses** cousines. (fém. plur.)

notre	Nous faisons **un projet**. (masc. sing.)	C'est **notre** projet. (masc. sing.)
	Nous allons à **l'école**. (fém. sing.)	C'est **notre** école. (fém. sing.)
nos	Nous faisons **des devoirs**. (masc. plur.)	Ce sont **nos** devoirs. (masc. plur.)
	Nous avons **des classes**. (fém. plur.)	Ce sont **nos** classes. (fém. plur.)

votre	Vous faites **un travail**. (masc. sing.)	C'est **votre** travail. (masc. sing.)
	Vous préparez **une présentation**. (fém. sing.)	C'est **votre** présentation. (fém. sing.)
vos	Vous faites **des plans**. (masc. plur.)	Ce sont **vos** plans. (masc. plur.)
	Vous avez **des idées**. (fém. plur.)	Ce sont **vos** idées. (fém. plur.)

leur	Mona et Samuel ont **un chien**. (masc. sing.)	C'est **leur** chien. (masc. sing.)
	Ils habitent dans **une maison**. (fém. sing.)	C'est **leur** maison. (fém. sing.)
leurs	Elles font **des projets**. (masc. plur.)	Ce sont **leurs** projets. (masc. plur.)
	Ils ont **des chambres**. (fém. plur.)	Ce sont **leurs** chambres. (fém. plur.)

Attention! Devant les **noms féminins singuliers** qui commencent par une **voyelle** (*a, e, i, o, u, y*) ou un ***h* muet**, *ma*, *ta* et *sa* changent en *mon*, *ton* et *son*.

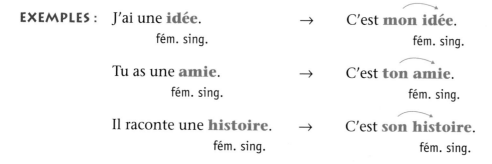

EXEMPLES :

J'ai une **idée**. → C'est **mon idée**.
fém. sing.   fém. sing.

Tu as une **amie**. → C'est **ton amie**.
fém. sing.   fém. sing.

Il raconte une **histoire**. → C'est **son histoire**.
fém. sing.   fém. sing.

Pronoms personnels

je		
tu		
il / elle / on		
nous		
vous		
ils / elles		

Adjectifs possessifs

mon	ma	mes
ton	ta	tes
son	sa	ses
notre	notre	nos
votre	votre	vos
leur	leur	leurs

Les adjectifs qualificatifs

1. Les adjectifs qualificatifs réguliers

■ L'adjectif qualificatif *décrit* un nom; l'adjectif exprime une *qualité* ou une *caractéristique*.

■ L'adjectif s'accorde toujours en *genre* (masculin ou féminin) et en *nombre* (singulier ou pluriel) avec le nom.

EXEMPLES : Je lis un **livre intéressant.** (masc. sing.)

Le professeur raconte une **histoire intéressante.** (fém. sing.)

Il prend des **cours intéressants.** (masc. plur.)

Nous regardons des **émissions intéressantes.** (fém. plur.)

masculin singulier	féminin singulier	masculin pluriel	féminin pluriel
bleu	bleue	bleus	bleues
content	contente	contents	contentes
fascinant	fascinante	fascinants	fascinantes
froid	froide	froids	froides
grand	grande	grands	grandes
petit	petite	petits	petites

2. Les adjectifs qualificatifs irréguliers

■ Il faut apprendre les adjectifs irréguliers. Le féminin et le pluriel des adjectifs irréguliers ne suivent pas les mêmes règles que les adjectifs réguliers.

■ Il y a plusieurs adjectifs irréguliers en français. Pour trouver la bonne forme féminine d'un adjectif irrégulier, il faut chercher dans un dictionnaire.

■ Les adjectifs qui se terminent en *e* ont la même forme au masculin et au féminin.

masculin singulier	féminin singulier	masculin pluriel	féminin pluriel
bizarre	bizarre	bizarres	bizarres
pratique	pratique	pratiques	pratiques
rouge	rouge	rouges	rouges
triste	triste	tristes	tristes

■ Pour certains adjectifs irréguliers, on **double** la consonne finale et on ajoute un *e* au féminin.

masculin singulier	féminin singulier	masculin pluriel	féminin pluriel
bon	bonne	bons	bonnes
canadien	canadienne	canadiens	canadiennes
gros	grosse	gros	grosses
naturel	naturelle	naturels	naturelles

■ Les adjectifs qui se terminent en *eux* ont leur féminin en *euse*.

masculin singulier	féminin singulier	masculin pluriel	féminin pluriel
aventureux	aventureuse	aventureux	aventureuses
heureux	heureuse	heureux	heureuses
merveilleux	merveilleuse	merveilleux	merveilleuses
sérieux	sérieuse	sérieux	sérieuses

■ Certains adjectifs qui se terminent en *eur* au masculin se changent en *euse* au féminin.

masculin singulier	féminin singulier	masculin pluriel	féminin pluriel
charmeur	charmeuse	charmeurs	charmeuses
travailleur	travailleuse	travailleurs	travailleuses

■ Les adjectifs qui se terminent en *eau* se changent en *elle* au féminin.

masculin singulier	féminin singulier	masculin pluriel	féminin pluriel
beau / bel*	belle	beaux	belles
nouveau / nouvel*	nouvelle	nouveaux	nouvelles

■ Les adjectifs qui se terminent en *er* se changent en *ère* au féminin.

masculin singulier	féminin singulier	masculin pluriel	féminin pluriel
premier	première	premiers	premières
régulier	régulière	réguliers	régulières

■ Les adjectifs qui se terminent en *anc* se changent en *anche* au féminin.

masculin singulier	féminin singulier	masculin pluriel	féminin pluriel
blanc	blanche	blancs	blanches
franc	franche	francs	franches

■ D'autres adjectifs prennent *des formes différentes*. Voici quelques exemples :

masculin singulier	féminin singulier	masculin pluriel	féminin pluriel
doux	douce	doux	douces
faux	fausse	faux	fausses
favori	favorite	favoris	favorites
fou	folle	fous	folles
frais	fraîche	frais	fraîches
long	longue	longs	longues
vieux / vieil*	vieille	vieux	vieilles

* devant un nom masculin qui commence avec une *voyelle* ou un *h* muet

3. La place des adjectifs qualificatifs

a) Les adjectifs placés après le nom

■ En général, les adjectifs sont placés après le nom.

EXEMPLES : Elle porte un **t-shirt noir**, des **jeans bleus**, une

casquette verte et des **chaussures blanches**.

b) Les adjectifs placés avant le nom

■ Certains adjectifs sont placés avant le nom.

EXEMPLES : Il porte un **grand foulard**, de **beaux vêtements**, une

petite tuque et de **grosses lunettes** de soleil.

- **ATTENTION!** L'article indéfini *des* change en *de* ou *d'* quand il précède un adjectif qui est placé avant un nom au pluriel.

  EXEMPLE :

  Il porte des **lunettes noires** et des **souliers rouges**.
    nom   adj.   nom   adj.

  Mais : Il porte **de grosses lunettes noires** et **de beaux souliers**.
        adj.   nom   adj.   adj.   nom

- Voici les adjectifs qualificatifs qui sont généralement placés avant le nom :

beau / bel* / belle	gros / grosse	nouveau / nouvel* / nouvelle
bon / bonne	jeune / jeune	petit / petite
dernier / dernière	long / longue	vieux / vieil* / vieille
grand / grande	mauvais / mauvaise	

  * devant un nom masculin qui commence avec une *voyelle* ou un *h* muet

- On peut aussi placer un adjectif avant un nom pour mettre l'emphase.

  EXEMPLES : Tu fais un **excellent travail**!

  Vous faites un **magnifique projet**.

Les adverbes

L'adverbe est un mot invariable qu'on ajoute à un autre mot pour modifier le sens.

a) On peut ajouter un **adverbe** à un **verbe**.

  EXEMPLES :

  Il parle.   →   Il parle **peu**.
  verbe   verbe   adv.

  J'aime les jeux vidéo.   →   J'aime **beaucoup** les jeux vidéo.
  verbe   verbe   adv.

b) On peut ajouter un **adverbe** à un **adjectif**.

  EXEMPLES :

  Je vais à une grande école.   →   Je vais à une **assez** grande école.
  adj.   adv.   adj.

  Ils jouent à des jeux difficiles.   →   Ils jouent à des jeux **trop** difficiles.
  adj.   adv.   adj.

c) On peut ajouter un **adverbe** à un **autre adverbe**.

EXEMPLES :

Ma mère travaille trop. → Ma mère travaille **beaucoup** trop.
           adv.   adv. adv.

Nous avons peu de temps. → Nous avons **trop** peu de temps.
            adv.   adv. adv.

d) On peut utiliser un **adverbe + de** avec un **nom** pour **indiquer une quantité**.

EXEMPLES :

Nous avons **peu de** fromage. Il y a **assez de** nourriture sur la table.
           adv.   adv.

Ils font **beaucoup de** soupe. Tu manges **trop de** dessert!
     adv.   adv.

Voici quelques adverbes qu'on utilise souvent :

Pour indiquer la **quantité** :	Pour indiquer le **temps** :	Pour indiquer la **manière** :	Pour indiquer l'**endroit** :
assez	après	bien	ici
beaucoup	avant	mal	là
peu	déjà	mieux	loin
trop	souvent	très	près

Les articles

L'article précède toujours le nom.

L'article indique le *genre* (masculin ou féminin) et le *nombre* (singulier ou pluriel) du nom.

1. Les articles définis

■ Les articles définis sont *le*, *la*, *l'* et *les*.

EXEMPLES : **le** jeu   →   **les** jeux (masc. plur.)

                 la machine (fém. sing.) → **les** machines (fém. plur.)

■ On utilise *l'* devant tous les mots **au singulier** (masculins et féminins) qui commencent par une voyelle (*a, e, i, o, u, y*) ou un *h* muet.

EXEMPLES : **l'**espace (masc. sing.) → **les** espaces (masc. plur.)

                 l'école (fém. sing.)   → **les** écoles (fém. plur.)

                 l'homme (masc. sing.) → **les** hommes (masc. plur.)

                 l'histoire (fém. sing.) → **les** histoires (fém. plur.)

2. Les articles indéfinis

▨ Les articles indéfinis sont *un, une* et *des*.

EXEMPLES : **un** livre (masc. sing.) → **des** livres (masc. plur.)

une idée (fém. sing.) → **des** idées (fém. plur.)

▨ Au **négatif**, *un, une* et *des* changent :

EXEMPLES : Tu prends **un** livre. → Tu **ne** prends **pas de** livre.

Nous avons **des** devoirs. → Nous **n'**avons **pas de** devoirs.

Il y a **un** hélicoptère dans le ciel. → Il **n'**y a **pas d'**hélicoptère dans le ciel.

Regarde **une** photo. → **Ne** regarde **pas de** photo.

Ils ont **des** idées. → Ils **n'**ont **pas d'**idées.

3. Les articles partitifs

▨ Les articles partitifs sont *du, de la, de l'* et *des*.

▨ On utilise un article partitif pour indiquer **une quantité qu'on ne peut pas compter.**

EXEMPLES : Je mange **du** pain et **du** fromage. (masc. sing.)

Tu manges **des** champignons. (masc. plur.)

Nous mangeons **de la** soupe. (fém. sing.)

Nous mangeons **des** olives. (fém. plur.)

▨ Au **négatif**, *du, de la, de l'* et *des* changent :

EXEMPLES : Tu manges **du** gâteau. → Tu **ne** manges **pas de** gâteau.

Vous mangez **des** bonbons? → Vous **ne** mangez **pas de** bonbons?

Elle mange **de la** pizza. → Elle **ne** mange **pas de** pizza.

Ils mangent **des** oranges. → Ils **ne** mangent **pas d'**oranges.

Les conjonctions

On utilise les conjonctions entre deux mots ou deux groupes de mots.

EXEMPLES :

Pour indiquer une **addition**

{
J'aime les jeux vidéo **et** les sports.

Le soir, je fais mes devoirs **et** je regarde la télévision.
}

Pour indiquer une **opposition**

{
Elle est petite **mais** forte.

Elle mange des pâtes **mais** elle n'aime pas la sauce tomate.
}

Pour indiquer une **explication** ou une **raison**

{
Nous allons à l'école **parce que** nous voulons apprendre.

Ils font leurs devoirs **parce qu'**ils veulent avoir de bons résultats.
}

Pour indiquer un **choix**

{
Tu préfères la pizza **ou** les pâtes?

Vous pouvez finir votre projet **ou** faire des exercices.
}

Les contractions : Les prépositions *à* et *de* avec l'article défini

1. La préposition *à*, avec les articles définis *le*, *la*, *l'* et *les*

Elles ne sont pas **au** laboratoire.   (*laboratoire* : masc. sing.)

La patiente parle **au** médecin.   (*médecin* : masc. sing.)

Esther va-t-elle aller **à la** bibliothèque?   (*bibliothèque* : fém. sing.)

Elle parle **à la** technicienne.   (*technicienne* : fém. sing.)

Participez-vous **à l'**activité sportive?   (*activité* : fém. sing.)

On n'aime pas aller **à l'**hôpital.   (*hôpital* : masc. sing.)

Vous ne participez pas **aux** activités?   (*activités* : fém. plur.)

Il donne des devoirs **aux** élèves.   (*élèves* : masc. ou fém. plur.)

OBSERVE

- Devant les mots masculins : **au**
- Devant les mots féminins : **à + la**
- Devant les mots masculins et féminins qui commencent par une voyelle (*a, e, i, o, u, y*) ou un *h* muet : **à + l'**
- Devant tous les mots au pluriel : **aux**

2. La préposition *de*, avec les articles définis *le*, *la*, *l'* et *les*

Il va **du** bureau de l'école au gymnase.   (*bureau* : masc. sing.)

Les élèves vont partir **du** musée à 3 heures.   (*musée* : masc. sing.)

Il sort **de la** maison.   (*maison* : fém. sing.)

On parle **de la** classe d'anglais.   (*classe* : fém. sing.)

Je pars **de l'**école après 15 h 30.   (*école* : fém. sing.)

Elle corrige le travail **de l'**élève.   (*élève* : masc. ou fém. sing.)

Nous discutons **des** vacances.   (*vacances* : fém. plur.)

Vous n'avez pas peur **des** monstres!   (*monstres* : masc. plur.)

> OBSERVE
> - Devant les mots masculins : **du**
> - Devant les mots féminins : **de + la**
> - Devant les mots masculins et féminins qui commencent par une voyelle (*a, e, i, o, u, y*) ou un *h* muet : **de + l'**
> - Devant tous les mots au pluriel : **des**

Les noms

Les mots qui désignent une chose, une personne, un animal, un groupe, une idée, un endroit ou un concept sont des noms.

1. Le genre

Chaque nom a un **genre**; le genre est **masculin** ou **féminin**.

Pour trouver le genre d'un nom, il faut regarder dans un lexique ou dans un dictionnaire.

2. La catégorie

Il y a deux catégories de noms.

a) Les noms communs

EXEMPLES :

Noms masculins (*n.m.*)	Noms féminins (*n.f.*)
un chat / le chat	une tortue / la tortue
un appartement / l'appartement	une maison / la maison
un bureau / le bureau	une école / l'école
un projet / le projet	une idée / l'idée
un directeur / le directeur	une directrice / la directrice
un pupitre / le pupitre	une porte / la porte
un groupe / le groupe	une table / la table
un dîner / le dîner	une assemblée / l'assemblée
un kiwi / le kiwi	une orange / l'orange

b) Les noms propres

Les noms propres commencent toujours avec une lettre majuscule.

EXEMPLES :

Des noms de personnes	Des noms de continents, de pays, de provinces, d'états	Des noms de villes, de villages, de comtés
Alex	l'Afrique	Brantford
Anne	l'Amérique	Charlottetown
Carlos	le Canada	Durham
Francine	les États-Unis	Fredericton
John	l'Europe	Halifax
Nguyen	la France	Niagara
Pierre	Haïti	North Battleford
Samantha	le Nouveau-Brunswick	St-Jean
Thérèse	l'Ontario	Victoria
Xavier	le Vermont	Winnipeg

Les questions

Il y a trois façons de poser des questions en français.

1. Est-ce que...? / Est-ce qu'...?

- Est-ce que tu vas étudier ce soir?
- Est-ce qu'Anne mange au restaurant?
- Est-ce que vous allez travailler?
- Est-ce que Marina et Suzanne vont à la bibliothèque?

2. L'intonation, avec un point d'interrogation (?) : la voix monte

- Tu vas étudier ce soir?
- Anne mange au restaurant?
- Vous allez travailler?
- Marina et Suzanne vont à la bibliothèque?

3 L'inversion du verbe et du sujet

- *Vas*-tu étudier ce soir?
- Anne *mange-t-elle* au restaurant? (le **t** est pour la prononciation — *elle* représente Anne)
- *Allez*-vous travailler?
- Marina et Suzanne *vont-elles* à la bibliothèque? (*elles* représente Marina et Suzanne)

Téléphones-tu à tes amis?	→	Est-ce que tu téléphones à tes amis?
André regarde-t-il la télévision?	→	Est-ce qu'André regarde la télévision?
Va-t-on au centre commercial?	→	Est-ce qu'on va au centre commercial?
Écoutez-vous des disques?	→	Est-ce que vous écoutez des disques?
Marc et Sandra font-ils leurs devoirs?	→	Est-ce que Marc et Sandra font leurs devoirs?
Louise et Marie partent-elles?	→	Est-ce que Louise et Marie partent?

Les verbes

1. Les temps de verbes

a) Le présent de l'indicatif

On utilise le présent de l'indicatif pour :

- parler d'une action présente → J'étudie le français. Je suis dans la classe.
- parler d'une action régulière → Elle va à la bibliothèque tous les jours.
- parler d'un état général → Nous sommes jeunes. Nous avons faim!

EXEMPLES :

Au positif		Au négatif
Je finis mon travail.	→	Je ne finis pas mon travail.
Tu fais tes devoirs maintenant?	→	Tu ne fais pas tes devoirs?
Jim mange à l'école tous les jours.	→	Jim ne mange pas à l'école.
Sara va à la cafétéria le midi.	→	Sara ne va pas à la cafétéria le midi.
Nous sommes fatigués aujourd'hui.	→	Nous ne sommes pas fatigués aujourd'hui.
Vous avez toujours faim!	→	Vous n'avez pas toujours faim.
Jo et Bob écoutent le professeur.	→	Ils n'écoutent pas le professeur.
Si elles étudient, elles réussissent.	→	Si elles n'étudient pas, elles ne réussissent pas.

b) L'impératif

L'impératif existe pour donner :	**L'impératif est conjugué à :**

- un ordre → **Finis** ton travail! la 2ème personne du singulier (**tu**)

- une suggestion → **Attendons** l'autobus. la 1ère personne du pluriel (**nous**)

- un conseil → **Regardez** ce film. la 2ème personne du pluriel (**vous**)

L'impératif des verbes réguliers en –*er*

écouter

écoute*	n'**écoute** pas
écoutons	n'**écoutons** pas
écoutez	n'**écoutez** pas

jouer

joue*	ne **joue** pas
jouons	ne **jouons** pas
jouez	ne **jouez** pas

* **ATTENTION!** Pour les verbes en –*er*, on enlève le *s* final de la forme *tu* au présent.

L'impératif des verbes réguliers en –*ir*

choisir

choisis	ne **choisis** pas
choisissons	ne **choisissons** pas
choisissez	ne **choisissez** pas

finir

finis	ne **finis** pas
finissons	ne **finissons** pas
finissez	ne **finissez** pas

L'impératif des verbes réguliers en –*re*

attendre

attends	n'**attends** pas
attendons	n'**attendons** pas
attendez	n'**attendez** pas

répondre

réponds	ne **réponds** pas
répondons	ne **répondons** pas
répondez	ne **répondez** pas

c) Le futur proche

Pour parler du futur, on peut utiliser le *futur proche*.

C'est facile! On forme le futur proche de **tous les verbes** de la même manière!

Pour former le *futur proche* :

On met le verbe *aller* au présent	+	On ajoute le verbe à l'infinitif
je *vais*	+	arriver
tu *vas*	+	venir
il *va*	+	parler
elle *va*	+	écouter
on *va*	+	voir
nous *allons*	+	communiquer
vous *allez*	+	écrire
ils *vont*	+	lire
elles *vont*	+	partir

EXEMPLES :

Je *vais* partir à 6 heures demain soir.

Tu *vas* faire tes devoirs après l'école.

Il *va* regarder la télévision ce soir.

Elle *va* rester à la maison samedi.

Demain, on *va* jouer au baseball au parc.

Nous *allons* acheter des vêtements.

Vendredi, vous *allez* venir au centre-ville?

Ils *vont* parler au téléphone.

Elles *vont* étudier pour l'examen.

Pour mettre le *futur proche* **au négatif** :

On met le verbe *aller* au négatif présent	+	On ajoute le verbe à l'infinitif
je ne *vais* pas	+	arriver
tu ne *vas* pas	+	venir
il ne *va* pas	+	parler
elle ne *va* pas	+	écouter
on ne *va* pas	+	voir
nous n'*allons* pas	+	communiquer
vous n'*allez* pas	+	écrire
ils ne *vont* pas	+	lire
elles ne *vont* pas	+	partir

Je *ne vais pas* partir à 6 h 30.

Tu *ne vas pas* naviguer sur Internet.

Il *ne va pas* aller au centre d'achats.

Elle *ne va pas* aller au cinéma.

On *ne va pas* voir le nouveau film.

Nous *n'allons pas* étudier.

Vous *n'allez pas* faire de natation?

Ils *ne vont pas* attendre jusqu'à ce soir.

Elles *ne vont pas* partir en expédition.

2. Les verbes réguliers

Observe les **terminaisons** des verbes.

On utilise ces **terminaisons** pour conjuguer les verbes réguliers de chaque groupe.

Les verbes réguliers en –*er*

écouter

présent	impératif
j'écoute	
tu écoutes	écoute
il /elle/on écoute	
nous écoutons	écoutons
vous écoutez	écoutez
ils /elles écoutent	

jouer

présent	impératif
je joue	
tu joues	joue
il /elle/on joue	
nous jouons	jouons
vous jouez	jouez
ils /elles jouent	

Les verbes réguliers en –ir

choisir

présent	impératif
je choisis	
tu choisis	choisis
il /elle/on choisit	
nous choisissons	choisissons
vous choisissez	choisissez
ils /elles choisissent	

finir

présent	impératif
je finis	
tu finis	finis
il /elle/on finit	
nous finissons	finissons
vous finissez	finissez
ils /elles finissent	

Les verbes réguliers en –re

attendre

présent	impératif
j'attends	
tu attends	attends
il / elle / on attend	
nous attendons	attendons
vous attendez	attendez
ils / elles attendent	

répondre

présent	impératif
je réponds	
tu réponds	réponds
il /elle / on répond	
nous répondons	répondons
vous répondez	répondez
ils / elles répondent	

3. Les verbes irréguliers

Les verbes irréguliers sont tous différents. Il faut apprendre les verbes irréguliers.

a) Les verbes *aller, avoir, être* et *faire*

aller

présent	impératif
je vais	
tu vas	va
il / elle / on va	
nous allons	allons
vous allez	allez
ils / elles vont	

avoir

présent	impératif
j'ai	
tu as	aie
il / elle / on a	
nous avons	ayons
vous avez	ayez
ils / elles ont	

être

présent	impératif
je suis	
tu es	sois
il / elle / on est	
nous sommes	soyons
vous êtes	soyez
ils / elles sont	

faire

présent	impératif
je fais	
tu fais	fais
il / elle / on fait	
nous faisons	faisons
vous faites	faites
ils / elles font	

144

b) Les verbes irréguliers *vouloir, pouvoir* et *devoir*

Le verbe *vouloir*   Il y a souvent un infinitif après le verbe *vouloir*.

On utilise le verbe **vouloir** pour exprimer :

une volonté (ou le contraire)   →   Je **veux** voir un film. / Je ne **veux** pas naviguer sur Internet.

un désir (ou le contraire)   →   Il **veut** deux billets. / Nous ne **voulons** pas de devoirs!

Le verbe *vouloir* au présent

je **veux**	je ne **veux** pas	nous **voulons**	nous ne **voulons** pas
tu **veux**	tu ne **veux** pas	vous **voulez**	vous ne **voulez** pas
il/elle/on **veut**	il/elle/on ne **veut** pas	ils/elles **veulent**	ils/elles ne **veulent** pas

---

Le verbe *pouvoir*   Il y a presque toujours un infinitif après le verbe *pouvoir*.

On utilise le verbe **pouvoir** pour exprimer :

une habileté (ou le contraire)   →   Je **peux** peinturer. / Je ne **peux** pas faire de sculpture.

une possibilité (ou le contraire)   →   Nous **pouvons** dessiner. / Nous ne **pouvons** pas sculpter.

une permission (ou le contraire   →   Vous **pouvez** sortir. / Vous ne **pouvez** pas rester ici.

Le verbe *pouvoir* au présent

je **peux**	je ne **peux** pas	nous **pouvons**	nous ne **pouvons** pas
tu **peux**	tu ne **peux** pas	vous **pouvez**	vous ne **pouvez** pas
il/elle/on **peut**	il/elle/on ne **peut** pas	ils/elles **peuvent**	ils/elles ne **peuvent** pas

---

Le verbe *devoir*   Il y a souvent un infinitif après le verbe *devoir*.

On utilise le verbe **devoir** pour exprimer :

une obligation (ou le contraire)   →   Tu **dois** écouter. / On ne **doit** pas parler pendant la visite.

une supposition (ou le contraire)   →   Elle **doit** arriver ce soir. / Ils ne **doivent** pas avoir de problèmes.

une dette (ou le contraire) → Je **dois** cinq dollars à mon amie. / Vous ne **devez** pas des excuses au professeur.

> ### Le verbe *devoir* au présent
>
> | | | | |
> |---|---|---|---|
> | je **dois** | je ne **dois** pas | nous **devons** | nous ne **devons** pas |
> | tu **dois** | tu ne **dois** pas | vous **devez** | vous ne **devez** pas |
> | il /elle/on **doit** | il /elle/on ne **doit** pas | ils /elles **doivent** | ils /elles ne **doivent** pas |

c) Les verbes irréguliers *partir* et *sortir*

On utilise le verbe **partir** pour exprimer qu'on quitte un endroit.

EXEMPLES : Je **pars** de la maison à 8 h 30. Je vais à l'école. À 4 heures, je **pars** de l'école.

On utilise le verbe **sortir** pour exprimer qu'on passe de l'intérieur à l'extérieur d'un endroit.

EXEMPLES : Nous **sortons** de la maison pour aller dehors. Nous **sortons** de la classe à 3 h 30 et nous **sortons** de l'école à 4 heures.

Le verbe *partir* au présent	Au négatif		Le verbe *sortir* au présent	Au négatif
je pars	je ne pars pas		je sors	je ne sors pas
tu pars	tu ne pars pas		tu sors	tu ne sors pas
il /elle /on part	il /elle /on ne part pas		il /elle /on sort	il /elle /on ne sort pas
nous partons	nous ne partons pas		nous sortons	nous ne sortons pas
vous partez	vous ne partez pas		vous sortez	vous ne sortez pas
ils /elles partent	ils /elles ne partent pas		ils /elles sortent	ils /elles ne sortent pas
Le verbe *partir* à l'impératif	**Au négatif**		**Le verbe *sortir* à l'impératif**	**Au négatif**
pars	ne pars pas		sors	ne sors pas
partons	ne partons pas		sortons	ne sortons pas
partez	ne partez pas		sortez	ne sortez pas

4. L'accord du verbe avec un sujet composé

▪ La forme du verbe correspond au **nombre** du sujet (singulier ou pluriel).

▪ Le sujet peut être **un pronom.** Le pronom remplace : une personne ou des personnes; un animal ou des animaux; une chose ou des choses.

Au singulier		Au pluriel	
1e personne	**je** marche	1e personne	**nous** parlons
2e personne	**tu** danses	2e personne	**vous** écoutez
3e personne, masc.	**il** regarde	3e personne, masc.	**ils** répondent
3e personne, fém.	**elle** chante	3e personne, fém.	**elles** partent
3e personne	**on** sort		

▪ Le sujet peut être **une personne** ou **des personnes** :

Je parle au téléphone avec mes amis.   **Mes amis et moi** sortons après l'école.
Louis, tu veux faire tes devoirs.   **Marise et toi** venez avec nous?
Le groupe entre dans la classe.   **Paco et Anna** partent ensemble.

Observe :

Toi et moi partons après l'école.   →   **Toi et moi, nous** partons après l'école.
(Toi et moi = nous)

Vous et moi étudions ensemble.   →   **Vous et moi, nous** étudions ensemble.
(Vous et moi = nous)

Mon ami et moi allons en ville.   →   **Mon ami et moi, nous** allons en ville.
(Mon ami et moi = nous)

Mes parents et moi sortons.   →   **Mes parents et moi, nous** sortons.
(Mes parents et moi = nous)

Martin et toi parlez du test.   →   **Martin et toi, vous** parlez du test.
(Martin et toi = vous)

Tes amis et toi allez en voyage.   →   **Tes amis et toi, vous** allez en voyage.
(Tes amis et toi = vous)

▪ Le sujet peut être **un animal** ou **des animaux** :

Le chat ne sort pas de la maison.   **Les chauves-souris** sortent de la grotte.
Le caribou vit dans l'Arctique.   **Les lemmings** n'habitent pas ici.

▪ Le sujet peut être **une chose** ou **des choses** :

La classe est très grande.   **Les plantes** poussent vite!
Le cours commence à 8 h 30.   **Les photos** sont vraiment belles!
La géographie est fascinante.   **Les bottes** protègent nos pieds.

Conjugaisons de verbes

Verbes réguliers en –er

aimer

présent	impératif	passé composé	futur proche
j'aime		j'*ai* aimé	je *vais* aimer
tu aimes	aime	tu *as* aimé	tu *vas* aimer
il, elle, on aime		il, elle, on *a* aimé	il, elle, on *va* aimer
nous aimons	aimons	nous *avons* aimé	nous *allons* aimer
vous aimez	aimez	vous *avez* aimé	vous *allez* aimer
ils, elles aiment		ils, elles *ont* aimé	ils, elles *vont* aimer

parler

présent	impératif	passé composé	futur proche
je parle		j'*ai* parlé	je *vais* parler
tu parles	parle	tu *as* parlé	tu *vas* parler
il, elle, on parle		il, elle, on *a* parlé	il, elle, on *va* parler
nous parlons	parlons	nous *avons* parlé	nous *allons* parler
vous parlez	parlez	vous *avez* parlé	vous *allez* parler
ils, elles parlent		ils, elles *ont* parlé	ils, elles *vont* parler

Verbes réguliers en –ir

réagir

présent	impératif	passé composé	futur proche
je réagis		j'*ai* réagi	je *vais* réagir
tu réagis	réagis	tu *as* réagi	tu *vas* réagir
il, elle, on réagit		il, elle, on *a* réagi	il, elle, on *va* réagir
nous réagissons	réagissons	nous *avons* réagi	nous *allons* réagir
vous réagissez	réagissez	vous *avez* réagi	vous *allez* réagir
ils, elles réagissent		ils, elles *ont* réagi	ils, elles *vont* réagir

réussir

présent	impératif	passé composé	futur proche
je réussis		j'*ai* réussi	je *vais* réussir
tu réussis	réussis	tu *as* réussi	tu *vas* réussir
il, elle, on réussit		il, elle, on *a* réussi	il, elle, on *va* réussir
nous réussissons	réussissons	nous *avons* réussi	nous *allons* réussir
vous réussissez	réussissez	vous *avez* réussi	vous *allez* réussir
ils, elles réussissent		ils, elles *ont* réussi	ils, elles *vont* réussir

Verbes réguliers en –re

entendre

présent	impératif	passé composé	futur proche
j'entends		j'ai entendu	je vais entendre
tu entends	entends	tu as entendu	tu vas entendre
il, elle, on entend		il, elle, on a entendu	il, elle, on va entendre
nous entendons	entendons	nous avons entendu	nous allons entendre
vous entendez	entendez	vous avez entendu	vous allez entendre
ils, elles entendent		ils, elles ont entendu	ils, elles vont entendre

rire

présent	impératif	passé composé	futur proche
je ris		j'ai ri	je vais rire
tu ris	ris	tu as ri	tu vas rire
il, elle, on rit		il, elle, on a ri	il, elle, on va rire
nous rions	rions	nous avons ri	nous allons rire
vous riez	riez	vous avez ri	vous allez rire
ils, elles rient		ils, elles ont ri	ils, elles vont rire

Verbes irréguliers

avoir

présent	impératif	passé composé	futur proche
j'ai		j'ai eu	je vais avoir
tu as	aie	tu as eu	tu vas avoir
il, elle, on a		il, elle, on a eu	il, elle, on va avoir
nous avons	ayons	nous avons eu	nous allons avoir
vous avez	ayez	vous avez eu	vous allez avoir
ils, elles ont		ils, elles ont eu	ils, elles vont avoir

aller

présent	impératif	passé composé	futur proche
je vais		je suis allé(e)	je vais aller
tu vas	va	tu es allé(e)	tu vas aller
il, elle, on va		il, on est allé	il, elle, on va aller
nous allons	allons	elle est allée	nous allons aller
vous allez	allez	nous sommes allé(e)s	vous allez aller
ils, elles vont		vous êtes allé(e)s	ils, elles vont aller
		ils sont allés	
		elles sont allées	

connaître

présent	impératif	passé composé	futur proche
je connais		j'ai connu	je vais connaître
tu connais	connais	tu as connu	tu vas connaître
il, elle, on connaît		il, elle, on a connu	il, elle, on va connaître
nous connaissons	connaissons	nous avons connu	nous allons connaître
vous connaissez	connaissez	vous avez connu	vous allez connaître
ils, elles connaissent		ils, elles ont connu	ils, elles vont connaître

courir

présent	impératif	passé composé	futur proche
je cours		j'*ai* couru	je *vais* courir
tu cours	cours	tu *as* couru	tu *vas* courir
il, elle, on court		il, elle, on *a* couru	il, elle, on *va* courir
nous courons	courons	nous *avons* couru	nous *allons* courir
vous courez	courez	vous *avez* couru	vous *allez* courir
ils, elles courent		ils, elles *ont* couru	ils, elles *vont* courir

croire

présent	impératif	passé composé	futur proche
je crois		j'*ai* cru	je *vais* croire
tu crois	crois	tu *as* cru	tu *vas* croire
il, elle, on croit		il, elle, on *a* cru	il, elle, on *va* croire
nous croyons	croyons	nous *avons* cru	nous *allons* croire
vous croyez	croyez	vous *avez* cru	vous *allez* croire
ils, elles croient		ils, elles *ont* cru	ils, elles *vont* croire

devoir

présent	impératif	passé composé	futur proche
je dois		j'*ai* dû	je *vais* devoir
tu dois	dois	tu *as* dû	tu *vas* devoir
il, elle, on doit		il, elle, on *a* dû	il, elle, on *va* devoir
nous devons	devons	nous *avons* dû	nous *allons* devoir
vous devez	devez	vous *avez* dû	vous *allez* devoir
ils, elles doivent		ils, elles *ont* dû	ils, elles *vont* devoir

dire

présent	impératif	passé composé	futur proche
je dis		j'*ai* dit	je *vais* dire
tu dis	dis	tu *as* dit	tu *vas* dire
il, elle, on dit		il, elle, on *a* dit	il, elle, on *va* dire
nous disons	disons	nous *avons* dit	nous *allons* dire
vous dites	dites	vous *avez* dit	vous *allez* dire
ils, elles disent		ils, elles *ont* dit	ils, elles *vont* dire

écrire

présent	impératif	passé composé	futur proche
j'écris		j'*ai* écrit	je *vais* écrire
tu écris	écris	tu *as* écrit	tu *vas* écrire
il, elle, on écrit		il, elle, on *a* écrit	il, elle, on *va* écrire
nous écrivons	écrivons	nous *avons* écrit	nous *allons* écrire
vous écrivez	écrivez	vous *avez* écrit	vous *allez* écrire
ils, elles écrivent		ils, elles *ont* écrit	ils, elles *vont* écrire

être

présent	impératif	passé composé	futur proche
je *suis*		j'*ai été*	je *vais* être
tu *es*	*sois*	tu *as été*	tu *vas* être
il, elle, on *est*		il, elle, on *a été*	il, elle, on *va* être
nous *sommes*	*soyons*	nous *avons été*	nous *allons* être
vous *êtes*	*soyez*	vous *avez été*	vous *allez* être
ils, elles *sont*		ils, elles *ont été*	ils, elles *vont* être

faire

présent	impératif	passé composé	futur proche
je f*ais*		j'*ai* fait	je *vais* faire
tu f*ais*	f*ais*	tu *as* fait	tu *vas* faire
il, elle, on f*ait*		il, elle, on *a* fait	il, elle, on *va* faire
nous f*aisons*	f*aisons*	nous *avons* fait	nous *allons* faire
vous f*aites*	f*aites*	vous *avez* fait	vous *allez* faire
ils, elles f*ont*		ils, elles *ont* fait	ils, elles *vont* faire

lire

présent	impératif	passé composé	futur proche
je l*is*		j'*ai lu*	je *vais* lire
tu l*is*	l*is*	tu *as lu*	tu *vas* lire
il, elle, on l*it*		il, elle, on *a lu*	il, elle, on *va* lire
nous l*isons*	l*isons*	nous *avons lu*	nous *allons* lire
vous l*isez*	l*isez*	vous *avez lu*	vous *allez* lire
ils, elles l*isent*		ils, elles *ont lu*	ils, elles *vont* lire

mettre

présent	impératif	passé composé	futur proche
je met*s*		j'*ai* m*is*	je *vais* mettre
tu met*s*	met*s*	tu *as* m*is*	tu *vas* mettre
il, elle, on met		il, elle, on *a* m*is*	il, elle, on *va* mettre
nous met*tons*	met*tons*	nous *avons* m*is*	nous *allons* mettre
vous met*tez*	met*tez*	vous *avez* m*is*	vous *allez* mettre
ils, elles met*tent*		ils, elles *ont* m*is*	ils, elles *vont* mettre

prendre

présent	impératif	passé composé	futur proche
je pren*ds*		j'*ai* p*ris*	je *vais* prendre
tu pren*ds*	pren*ds*	tu *as* p*ris*	tu *vas* prendre
il, elle, on pren*d*		il, elle, on *a* p*ris*	il, elle, on *va* prendre
nous pren*ons*	pren*ons*	nous *avons* p*ris*	nous *allons* prendre
vous pren*ez*	pren*ez*	vous *avez* p*ris*	vous *allez* prendre
ils, elles pren*nent*		ils, elles *ont* p*ris*	ils, elles *vont* prendre

pouvoir

présent	impératif
je p*eux*	(très rare)
tu p*eux*	
il, elle, on p*eut*	
nous p*ouvons*	
vous p*ouvez*	
ils, elles p*euvent*	

passé composé

j'*ai* p*u*
tu *as* p*u*
il, elle, on *a* p*u*
nous *avons* p*u*
vous *avez* p*u*
ils, elles *ont* p*u*

futur proche

je *vais* pouvoir
tu *vas* pouvoir
il, elle, on *va* pouvoir
nous *allons* pouvoir
vous *allez* pouvoir
ils, elles *vont* pouvoir

savoir

présent	impératif
je sa*is*	
tu sa*is*	sa*che*
il, elle, on sa*it*	
nous sa*vons*	sa*chons*
vous sa*vez*	sa*chez*
ils, elles sa*vent*	

passé composé

j'*ai* s*u*
tu *as* s*u*
il, elle, on *a* s*u*
nous *avons* s*u*
vous *avez* s*u*
ils, elles *ont* s*u*

futur proche

je *vais* savoir
tu *vas* savoir
il, elle, on *va* savoir
nous *allons* savoir
vous *allez* savoir
ils, elles *vont* savoir

venir

présent	impératif
je v*iens*	
tu v*iens*	v*iens*
il, elle, on v*ient*	
nous v*enons*	v*enons*
vous v*enez*	v*enez*
ils, elles v*iennent*	

passé composé

je *suis* ven*u(e)*
tu *es* ven*u(e)*
il, on *est* ven*u*
elle *est* ven*ue*
nous *sommes* ven*u(e)s*
vous *êtes* ven*u(e)s*
ils *sont* ven*us*
elles *sont* ven*ues*

futur proche

je *vais* venir
tu *vas* venir
il, elle, on *va* venir
nous *allons* venir
vous *allez* venir
ils, elles *vont* venir

voir

présent	impératif
je vo*is*	
tu vo*is*	vo*is*
il, elle, on vo*it*	
nous vo*yons*	vo*yons*
vous vo*yez*	vo*yez*
ils, elles vo*ient*	

passé composé

j'*ai* v*u*
tu *as* v*u*
il, elle, on *a* v*u*
nous *avons* v*u*
vous *avez* v*u*
ils, elles *ont* v*u*

futur proche

je *vais* voir
tu *vas* voir
il, elle, on *va* voir
nous *allons* voir
vous *allez* voir
ils, elles *vont* voir

vouloir

présent	impératif
je v*eux*	(très rare)
tu v*eux*	
il, elle, on v*eut*	
nous v*oulons*	
vous v*oulez*	
ils, elles v*eulent*	

passé composé

j'*ai* v*oulu*
tu *as* v*oulu*
il, elle, on *a* v*oulu*
nous *avons* v*oulu*
vous *avez* v*oulu*
ils, elles *ont* v*oulu*

futur proche

je *vais* vouloir
tu *vas* vouloir
il, elle, on *va* vouloir
nous *allons* vouloir
vous *allez* vouloir
ils, elles *vont* vouloir

Les nombres de 0 à 1000

0 zéro	50 cinquante	**EXEMPLES :**		
1 un	51 cinquante et un	110 cent dix		
2 deux	52 cinquante-deux, *etc.*	111 cent onze		
3 trois	60 soixante	112 cent douze		
4 quatre	70 soixante-dix	113 cent treize		
5 cinq	71 soixante et onze	220 deux cent vingt		
6 six	72 soixante-douze	221 deux cent vingt et un		
7 sept	73 soixante-treize, *etc.*	230 deux cent trente		
8 huit	80 quatre-vingts	251 deux cent cinquante et un		
9 neuf	81 quatre-vingt-un	333 trois cent trente-trois		
10 dix	82 quatre-vingt-deux, *etc.*	364 trois cent soixante-quatre		
11 onze	90 quatre-vingt-dix	377 trois cent soixante-dix-sept		
12 douze	91 quatre-vingt-onze	415 quatre cent quinze		
13 treize	92 quatre-vingt-douze,	484 quatre cent quatre-vingt-quatre		
14 quatorze	93 quatre-vingt-treize, *etc.*	498 quatre cent quatre-vingt-dix-huit		
15 quinze	100 cent	514 cinq cent quatorze		
16 seize	101 cent un	555 cinq cent cinquante-cinq		
17 dix-sept	102 cent deux, *etc.*	575 cinq cent soixante-quinze		
18 dix-huit	200 deux cents	629 six cent vingt-neuf		
19 dix-neuf	201 deux cent un	660 six cent soixante		
20 vingt	202 deux cent deux, *etc.*	672 six cent soixante-douze		
21 vingt et un	300 trois cents	733 sept cent trente-trois		
22 vingt-deux	400 quatre cents	772 sept cent soixante-douze		
23 vingt-trois, *etc.*	500 cinq cents	811 huit cent onze		
30 trente	600 six cents	885 huit cent quatre-vingt-cinq		
31 trente et un	700 sept cents	893 huit cent quatre-vingt-treize		
32 trente-deux, *etc.*	800 huit cents	980 neuf cent quatre-vingts		
40 quarante	900 neuf cents	994 neuf cent quatre-vingt-quatorze		
41 quarante et un, *etc.*	1 000 mille	999 neuf cent quatre-vingt-dix-neuf		

Attention! Le *s* de **vingt** et de **cent** disparaît quand il est suivi d'un autre nombre : quatre-vingt*s*, quatre-vingt-seize; deux cent*s*, deux cent un, deux cent trente, cinq cent*s*, cinq cent cinquante-cinq...

Les mots de la même famille

Pour trouver le sens d'un mot, on peut trouver un **mot de la même famille**.
Regarde le tableau et observe les mots de la même famille.

Noms	Verbes	Adjectifs
la beauté	embellir	beau, bel, belle, beaux, belles
la chaleur	chauffer, réchauffer	chaud(s), chaude(s)
la construction, un constructeur, une constructrice	construire	constructif(s), constructive(s)
la culture, un cultivateur, une cultivatrice	cultiver	culturel(s), culturelle(s), cultivable(s)
le cyclisme, la bicyclette, un(e) cycliste, un cycle, le recyclage	recycler	cyclable(s), recyclable(s)
le froid	refroidir	froid(s), froide(s)
l'habitation, l'habitat, un habitant, une habitante	habiter	habitable(s)
la hauteur	hausser, rehausser	haut(s), haute(s)
l'histoire, un historien, une historienne	historier	historique(s)
l'hiver	hiverner, hiberner	hivernal, hivernale, hivernaux, hivernales
le livre, la lecture, un lecteur, une lectrice	lire	lisible(s), illisible(s)
le magasin, le magasinage	magasiner	-
la musique, un musicien, une musicienne	-	musical, musicale, musicaux, musicales
la natation, un nageur, une nageuse	nager	nageable(s)
la nature, la naturalisation, le naturalisme, un(e) naturaliste	naturaliser, dénaturaliser	naturel(s), naturelle(s)
la neige, un enneigement	neiger, déneiger	neigeux, neigeuse(s), enneigé(e)(s)
les patins, le patinage, la patinoire, un patineur, une patineuse	patiner	patinable(s)
la photographie, la photo, un(e) photographe	photographier	photographique(s)
la pluie	pleuvoir	pluvieux, pluvieuse(s)
le soleil, un ensoleillement	ensoleiller	ensoleillé(e)(s)
le ski, un skieur, une skieuse	skier	skiable(s)
le travail, un travailleur, une travailleuse	travailler	travailleur(s), travailleuse(s)

adj.	adjectif
adj. dém.	adjectif démonstratif
adv.	adverbe
conj.	conjonction
exp.	expression
loc.	locution
n.m.	nom masculin
n.f.	nom féminin
pl.	pluriel
prép.	préposition
pron.	pronom
pron. pers.	pronom personel
v.	verbe

A

à la fois *exp.* at the same time
à l'œil nu *exp.* with the naked eye
à ton avis *exp.* in your opinion
à travers *prép.* through
aboyer *v.* to bark
absolument *adv.* absolutely
accompagner *v.* to accompany
acheter *v.* to buy
l'**acier** *n.m.* steel
un **adaptateur** *n.m.* adapter
adorer *v.* to love
un **agenda** *n.m.* datebook, agenda
un **agriculteur** *n.m.*, une **agricultrice** *n.f.* farmer
aider *v.* to help

une **aiguille** *n.f.* needle
aimer *v.* to like
des **algues** *n.f.pl.* seaweed
un **aliment** *n.m.* food
aller *v.* to go
allonger *v.* to lengthen
alors *adv.* then
ambitieux, ambitieuse *adj.* ambitious
un **ami** *n.m.*, une **amie** *n.f.* friend
amplifier *v.* to amplify
un **animateur** *n.m.*, une **animatrice** *n.f.* a radio or TV announcer
une **annonce** *n.f.* announcement
une **annonce publicitaire** *n.f.* advertisement
annuler *v.* to cancel
un **appareil** *n.m.* device
appartenir à *v.* to belong to
appliquer *v.* to apply
apprécier *v.* to appreciate
apprendre *v.* to learn
un **apprenti** *n.m.*, une **apprentie** *n.f.* apprentice
appuyer *v.* to press
après *prép.* after
une **araignée** *n.f.* spider
un(e) **archéologue** *n.m.,f.* archeologist
un(e) **architecte** *n.m.,f.* architect
l'**argile** *n.f.* clay
arrêter *v.* to stop
un **ascenseur** *n.m.* elevator
assez *adv.* enough
une **assiette** *n.f.* plate
un **atelier** *n.m.* workshop
attacher *v.* to attach, to tie together, to fasten, to secure
attendre *v.* to wait (for)
attirer *v.* to attract
attraper *v.* to catch

un **auditeur** *n.m.*, une **auditrice** *n.f.* listener

auditive *adj.* auditory

l'**aurore boréale** *n.f.* aurora borealis (northern lights)

aussi *adv.* also, too, as well

une **autoroute** *n.f.* highway

autour *adv.* around

avant *prép.* before

avec *prép.* with

aveugle *adj.* blind

avoir *v.* to have

avoir besoin de *exp.* to need (to)

avoir envie de *exp.* to feel like

avoir hâte de *exp.* to be eager to

avoir l'impression de *exp.* to have a feeling of

avoir mal à la gorge *exp.* to have a sore throat

B

une **bactérie** *n.f.* bacteria

baisser *v.* to lower

une **bande dessinée** *n.f.* comic strip

un **barrage** *n.m.* dam

une **bataille** *n.f.* battle, fight

un **bâtiment** *n.m.* building

battre *v.* to beat

beau, belle *adj.* beautiful

beaucoup *adv.* a lot, much

une **bête** *n.f.* animal

le **béton** *n.m.* concrete

une **bibliothèque** *n.f.* library

bien *adv.* properly, well

la **bière** *n.f.* beer

un **billet** *n.m.* ticket

un **bistro** *n.m.* pub

blanc, blanche *adj.* white

le **bois** *n.m.* wood

une **boisson gazeuse** *n.f.* soda pop

des **bonbons** *n.m.pl.* candies

une **bosse** *n.f.* bump (road), hump (camel's)

des **bottes** *n.f.pl.* boots

bouger *v.* to move

une **bouilloire** *n.f.* kettle

un **boulanger** *n.m.*, une **boulangère** *n.f.* baker

le **bout** *n.m.* end

un **bouton** *n.m.* button, pimple

le **braille** *n.m.* braille

une **branche** *n.f.* branch

brancher *v.* to plug in

le **bras** *n.m.* arm

le **bruit** *n.m.* noise

C

un **cadeau** *n.m.* present, gift

calmer *v.* to calm (down)

un **camion** *n.m.* truck

un **canard** *n.m.* duck

une **carie dentaire** *n.f.* cavity, tooth decay

une **carrière** *n.f.* career

une **carte** *n.f.* map

une **carte de crédit** *n.f.* credit card

un **casier** *n.m.* locker

un **casque protecteur** *n.m.* helmet

une **casquette** *n.f.* baseball cap

un **casse-croûte** *n.m.* snack

casser *v.* to break

une **casserole** *n.f.* saucepan

un **castor** *n.m.* beaver

une **caverne** *n.f.* cave

ce, cet, cette, ces *adj. dém.* this, that, these, those

célèbre *adj.* famous

une **ceinture de sécurité** *n.f.* seat belt

un **centre commercial** *n.m.* shopping center

le **centre-ville** *n.m.* downtown

le **cercle arctique** *n.m.* Arctic circle

une **chambre** *n.f.* room

un **chameau** *n.m.* camel

un **championnat de soccer** *n.m.* soccer championship

un **champ** *n.m.* field

chanceux, chanceuse *adj.* lucky

une **chanson** *n.f.* song

chanter *v.* to sing

un **chanteur** *n.m.*, une **chanteuse** *n.f.* singer

un **château** *n.f.* castle

un **chaton** *n.m.* kitten

chaud(e) *adj.* hot

une **chauve-souris** *n.f.* bat

des **cheveux** *n.m.pl.* hair

chez (quelqu'un) *prép.* at somebody's house or place

chez moi *prep.* at (my) home

chez toi *prép.* at (your) home

*__chic__ *adj.* stylish

un **chiot** *n.m.* puppy

choisir *v.* to choose

un **choix** *n.m.* choice

une **chose** *n.f.* thing

chouette *adj., interj.* great

un **cil** *n.m.* eyelash

le **ciment** *n.m.* cement

cinq *adj.* five

la **cire** *n.f.* wax

claquer *v.* to slam (door); to snap (fingers)

une **clé** *n.f.* key

une **cloche** *n.f.* bell

la **Colombie-Britannique** *n.f.* British Columbia

combattre *v.* to combat, to fight

commencer *v.* to start, to begin

comprendre *v.* to understand

un **concert** *n.m.* concert

un **concours** *n.m.* contest

conduire *v.* to drive

connaître *v.* to know

un **conseil** *n.m.* advice

une **construction** *n.f.* structure

construire *v.* to build

contaminé(e) *adj.* contaminated

contenir *v.* to contain

le **contraire** *n.m.* opposite

contre *prép.* against

un **coquillage** *n.m.* shell

une **corde** *n.f.* rope, cord

le **coton** *n.m.* cotton

couler *v.* to run (as in a tap)

---

* L'adjectif chic est invariable en genre mais variable en nombre. Exemples: une robe chic/des robes chics/un vêtement chic/des vêtements chics

un **coup** *n.m.* hit

couper *v.* to cut

une **cour de récréation** *n.f.* playground

courir *v.* to run

un **courriel** *n.m.* e-mail

le **courrier électronique** *n.m.* electronic mail

coûter *v.* to cost

un **couturier** *n.m.*, une **couturière** *n.f.* dressmaker

un **couvercle** *n.m.* cover, lid, top

un **cratère** *n.m.* crater

un **crayon** *n.m.* pencil

créer *v.* to create

creuser *v.* to dig

crier *v.* to shout, to scream

croire *v.* to believe

une **cuillère** *n.f.* spoon

le **cuir** *n.m.* leather

la **cuisine** *n.f.* kitchen

cultiver *v.* to cultivate

des **cymbales** *n.f.pl.* cymbals

D

dater *v.* to date (a letter)

déborder *v.* to overflow

les **déchets** *n.m.pl.* garbage

découper *v.* to cut (out)

découvrir *v.* to discover

décrire *v.* to describe

décrocher *v.* to pick up (a phone), to take off the hook

dedans *adv.* inside

une **déficience** *n.f.* deficiency

dehors *adv.* outside

demander *v.* to ask

déposer *v.* to put down, to drop off

déranger *v.* to disturb

dernier, dernière *adj.* last

descendre *v.* to go down, to descend

deviner *v.* to guess

une **devinette** *n.f.* riddle

un **devoir** *n.m.* homework; *v.* to owe, to have to

la **diarrhée** *n.f.* diarrhea
un **dictionnaire** *n.m.* dictionary
digérer *v.* to digest
diminuer *v.* to decrease
diriger *v.* to guide, to steer
disparaître *v.* to disappear
une **disparition** *n.f.* disappearance
disponible *adj.* available
un **divan** *n.m.* couch
des **doigts** *n.m.pl.* fingers
un **domicile** *n.m.* home
donner *v.* to give
dormir *v.* to sleep
doux, douce *adj.* soft
droit(e) *adj.* right
à **droite** *loc.* to the right, on the right

E

l'**eau** *n.f.* water
une **écharpe** *n.f.* scarf
des **écouteurs** *n.m.pl.* headphones
un **écran** *n.m.* screen
écouter *v.* to listen to
un **édifice** *n.m.* building
un **effet sonore** *n.m.* sound effect
empêcher *v.* to prevent
en fait *loc.* actually
en train de *loc.* in the process of
un **endroit** *n.m.* location, site, place
un **élastique** *n.m.* rubber band
enlever *v.* to remove
enneigé(e) *adj* snow-covered
un **ennemi** *n.m.*, une **ennemie** *n.f.* enemy
énorme *adj.* enormous, huge
enregistrer *v.* to record
un **enseignant** *n.m.*, une **enseignante** *n.f.* teacher
ensuite *adv.* then, next
entendre *v.* to hear
s'**entraîner** *v.* to train
une **entrée** *n.f.* entrance
entrer *v.* to enter, to go in, to come in
une **entrevue** *n.f.* interview

entrouvert(e) *adj.* half-open
environ *adv.* about
un **enzyme** *n.m.* enzyme
une **épaule** *n.f.* shoulder
une **épicerie** *n.f.* grocery store
l'**équilibre** *n.m.* balance
l'**équipement** *n.m.* outfit, equipment
l'**érosion** *n.f.* erosion
une **éruption volcanique** *n.f.* volcanic eruption
l'**escalade de glace** *n.f.* ice climbing
un **escalateur** *n.m.* escalator
l'**escalier** *n.m.* stairs
une **espèce** *n.f.* species
l'**espoir** *n.m.* hope
essayer *v.* to try
essentiel, essentielle *adj.* essential
un **étage** *n.m.* floor (e.g., 3rd floor)
une **étape** *n.f.* step (in a process)
étendu(e) *adj.* spread out
éternuer *v.* to sneeze
étrange *adj.* strange
à l'**étranger** *n.m.* in foreign countries
être à l'aise *v.* to be at ease, to be confortable
examiner *v.* to examine
une **expédition** *n.f.* expedition
exprimer *v.* to express

F

fabriquer *v.* to fabricate, make
faire *v.* to do, to make
faire attention (à) *v.* be careful
faire claquer *v.* to snap (fingers)
faire du sport *v.* to play sports
faire la grasse matinée *v.* to sleep in
faire partie de *v.* to be part of
fascinant(e) *adj.* fascinating
un **fauteuil roulant** *n.m.* wheelchair
une **fenêtre** *n.f.* window
le **fer** *n.m.* iron
fermer *v.* to close
une **feuille** *n.f.* leaf, page
la **fibre de verre** *n.f.* fibreglass

fier, fière *adj.* proud
un **fil** *n.m.* string
finir *v.* to finish, to end
une **foire** *n.f.* fair
fonctionner *v.* to work
le **fond** *n.m.* far end
formation *n.f.* formation
une **fortification** *n.f.* fortification
une **foulard** *n.m.* scarf
une **foule** *n.f.* heap, crowd
une **fourmilière** *n.f.* ant-hill
frapper *v.* to knock
des **freins** *n.m.pl.* brakes
froid(e) *adj.* cold
le **fromage** *n.m.* cheese
une **fusée** *n.f.* rocket

G

gagner *v.* to win, to earn
une **galerie de jeux** *n.f.* video arcade
des **gants** *n.m.pl.* gloves
gauche *adj.* left
à **gauche** *loc.* on the left, to the left
gelé(e) *adj.* frozen
génial(e) *adj.* great
des **gens** *n.m.pl.* people
la **glace** *n.f.* ice
glaciaire *adj.* glacial
glisser *v.* to slide
une **gomme à mâcher** *n.f.* chewing gum
gonfler *v.* to inflate
la **gorge** *n.f.* throat
le **goût** *n.m.* (sense of) taste
une **goutte d'eau** *n.f.* drop of water
grâce à *loc.* thanks to
gracieux, gracieuse *adj.* gracious
grand(e) *adj.* tall, large, big
un **gratte-ciel** *n.m.* skyscraper
gratuit(e) *adj.* free
grave *adj.* serious
la **grêle** *n.f.* hail
une **grenouille** *n.f.* frog

grignoter *v.* to nibble
une **grotte** *n.f.* cave
un **guide** *n.m.*, une **guide** *n.f.* guide

H

une **habileté** *n.f.* skill
habiller *v.* to dress
habiter *v.* to live in, to occupy (a space)
l'**heure** *n.f.* time
hiberner *v.* to hibernate
historique *adj.* historical
humeur *n.f.* mood
de bonne humeur *exp.* in a good mood
humide *adj.* damp, humid, moist
l'**humidité** *n.f.* humidity

I

ici *adv.* here
imaginaire *adj.* imaginary
incroyable *adj.* incredible
un **indice** *n.m.* clue, hint
indiquer *v.* to indicate
indispensable *adj.* essential
une **infection** *n.f.* infection
infrarouge *adj.* infrared
un **ingénieur** *n.m.*, une **ingénieure** *n.f.* engineer
s'inquiéter *v.* to worry
insérer *v.* to insert
un **instrument à percussion** *n.m.* percussion instrument
un **instrument de musique** *n.m.* musical instrument
intérieur(e) *adj.* inside; l'**intérieur** *n.m.* inside
un **intestin** *n.m.* intestine
une **intoxication alimentaire** *n.f.* food poisoning
inventer *v.* to invent
inviter *v.* to invite

J

jamais *adv.* never
une **jambe** *n.f.* leg
japper *v.* to yap, to bark

159

jeter *v.* to throw
joindre *v.* to join
un **journal** *n.m.* newspaper
un **jumeau** *n.m.*, une **jumelle** *n.f.* twin

K

un **klaxon** *n.m.* horn
klaxonner *v.* to honk

L

un **lac** *n.m.* lake
un **lama** *n.m.* llama
une **lampe** *n.f.* lamp, light
lancer *v.* to throw
un **lave-auto** *n.m.* car wash
laver *v.* to wash
un **lecteur** *n.m.* une **lectrice** *n.f.* reader
la **lecture** *n.f.* reading
lent(e) *adj.* slow
(se) lever *v.* to get up, to rise
la **levure** *n.f.* yeast
un **lieu** *n.m.* location, place, site
un **logiciel** *n.m.* computer software
lointain(e) *adj.* faraway
un **loisir** *n.m.* hobby, pastime
long, longue *adj.* long
louer *v.* to rent
une **lumière** *n.f.* light

M

mâcher *v.* to chew
magasin *n.m.* shop
magasiner *v.* to shop
magnifique *adj.* magnificent
le **maïs** *n.m.* corn
majestueux, majestueuse *adj.* majestic
une **maladie** *n.f.* illness, sickness
un **malaxeur** *n.m.* blender
malentendant(e) *adj.* hard of hearing
malvoyant(e) *adj.* partially sighted
manquer *v.* to miss; to be missing
une **maquette** *n.f.* model

une **marche** *n.f.* walk, step (on a staircase)
marcher *v.* to walk
marquer *v.* to mark, to score (a point)
un **marteau** *n.m.* hammer
massif, massive *adj.* solid, massive
un **match de tennis** *n.m.* tennis match
le **matin** *n.m.* morning
méchant(e) *adj.* bad, mean
un(e) **médecin** *n.m.,f.* doctor
un **médicament** *n.m.* medicine
un **mélange** *n.m.* mixture
mélanger *v.* to mix, to mix up (as in confuse)
un **mélangeur** *n.m.* mixer
le **ménage** *n.m.* housekeeping, housework
merveilleux, merveilleuse *adj.* marvellous
mesurer *v.* to measure
un **mètre carré** *n.m.* square metre
mettre *v.* to put
un **meuble** *n.m.* a piece of furniture
des **meubles** *n.m.pl.* furniture
un **microbe** *n.m.* microbe, germ
minuit *n.m.* midnight
minuscule *adj.* tiny
une **mission** *n.f.* mission
le **monde** *n.m.* world; **tout le monde** everybody
un **monstre** *n.m.* monster
une **montagne** *n.f.* mountain
monter *v.* to go up
une **montre** *n.f.* watch
montrer *v.* to show
un **mot** *n.m.* word
un **moule** *n.m.* mould
le **Moyen-Orient** *n.m.* Middle East
un **mur** *n.m.* wall
une **muraille** *n.f.* wall, fortification
un **musée** *n.m.* museum
mystérieux, mystérieuse *adj.* mysterious

N

la **natation** *n.f.* swimming
naturel, naturelle *adj.* natural
une **navette spatiale** *n.f.* space shuttle

naviguer *v.* to navigate
la **neige** *n.f.* snow
un **neveu** *n.m.*, une **nièce** *n.f.* nephew, niece
le **noir** *n.m.* the dark
la **nourriture** *n.f.* food
nouveau, nouvelle *adj.* new
un **nuage** *n.m.* cloud

O

occuper *v.* to occupy
l'**odorat** *n.m.* (sense of) smell
offrir *v.* to offer
un **oiseau** *n.m.* bird
l'**orbite** *n.f.* orbit
des **ordures** *n.f.pl.* garbage
une **oreille** *n.f.* ear
un **oreiller** *n.m.* pillow
à l'**origine** *exp.* originally
un **os** *n.m.* bone
des **ossements** *n.m.pl.* (small) bones
l'**ouïe** *n.f.* (sense of) hearing
ouvrir *v.* to open

P

le **paradis** *n.m.* paradise
le **parapente** *n.m.* skiing with a parachute
parfois *adv.* sometimes, occasionnally
parler *v.* to talk, to speak
parmi *prép.* among(st)
une **parole** *n.f.* word
partager *v.* to share
un(e) **partenaire** *n.m., f.* partner
une **partie** *n.f.* part
partir *v.* to go, to leave
partout *adv.* everywhere
des **pas** *n.m.pl.* footsteps
se **passer** *v.* to happen
une **patinoire** *n.f.* skating rink
des **patins** *n.m.pl.* skates
des **patins à roues alignées** *n.m.pl.* roller blades
des **patins à roulette** *n.m.pl.* roller skates
un **pays** *n.m.* country

la **peau** *n.f.* skin
la **pêche sur glace** *n.f.* ice fishing
la **peinture** *n.f.* paint
penché(e) *adj.* leaning
pendant *prép.* during, through
perdu(e) *adj.* lost
une **période** *n.f.* period
un **personnage en cire** *n.m.* wax figure
peser *v.* to weigh
petit à petit *exp.* little by little
peu *adv.* little, a little
la **peur** *n.f.* fear
peut-être *adv.* perhaps, maybe
un **photocopieur** *n.m.* photocopier
un(e) **physiothérapeute** *n.m.,f.* physiotherapist
une **pièce** *n.f.* room, coin (money)
à **pied** *exp.* on foot
une **pierre** *n.f.* stone
(se) pincer le nez *v.* to pinch one's nose
une **piscine** *n.f.* pool
une **piste** *n.f.* trail
un **plafond** *n.m.* ceiling
la **plage** *n.f.* beach
un **plan** *n.m.* plan, map
une **planche à neige** *n.f.* snowboard
une **planche à roulettes** *n.f.* skateboard
un **plancher** *n.m.* floor
le **plâtre** *n.m.* cast, plaster
plein(e) *adj.* full
pleuvoir *v.* to rain
plonger *v.* to dive
la **pluie** *n.f.* rain
plus *adv.* more
une **poêle** *n.f.* frying pan
un **pont suspendu** *n.m.* suspension bridge
une **porte** *n.f.* door
porter *v.* to wear
poser (des questions) *v.* to ask (questions)
possessif, possessive *adj.* possessive
une **poubelle** *n.f.* garbage can
la **poussière** *n.f.* dust
pouvoir *v.* to be able to, can

précis(e) *adj.* precise

prendre *v.* to take

prendre ses cliques et ses claques *exp.* to pack up

près *adv.* near (by), close (by)

presser *v.* to press, to push

un **prix** *n.m.* prize

prochain(e) *adj.* next

proche *adj.* close

produire *v.* to produce

un **professeur** *n.m.*, une **professeure** *n.f.* teacher

profond(e) *adj.* deep

la **profondeur** *n.f.* depth

un **projet** *n.m.* project

une **promenade** *n.f.* ride, walk

protéger *v.* to protect

une **prothèse** *n.f.* prosthesis

un(e) **prothésiste** *n.m.,f.* prosthetist

prudent(e) *adj.* cautious, prudent

puis *adv.* then

un **puits** *n.m.* well

un **pupitre** *n.m.* school desk

Q

qualificatif, qualificative *adj.* qualifying

une **qualité** *n.f.* quality

quelque chose *loc.* something

R

raccrocher *v.* to hang up

raconter *v.* to tell

ranger *v.* to tidy up

rapidement *adv.* quickly, rapidly

la **raquette** *n.f.* snowshoeing

des **raquettes** *n.f.pl.* snowshoes

réagir *v.* to react

recevoir *v.* to receive

une **recherche** *n.f.* research

reculer *v.* to back up

récupérer *v.* to get back (something), to recuperate, to recover

réel, réelle *adj.* real

relier *v.* to join

remercier *v.* to thank

rencontrer *v.* to meet

rendre *v.* to return

un **renne** *n.m.* reindeer

rentrer *v.* to go back in

un **repas** *n.m.* meal

une **réplique** *n.f.* replica

répondre *v.* to reply, to answer

une **réponse** *n.f.* answer, response

réserver *v.* to reserve

résister *v.* to resist

respirer *v.* to breathe

ressembler *v.* to resemble, to look like

un **restaurant tournant** *n.m.* revolving restaurant

rester *v.* to stay

un **résultat** *n.m.* result

retourner *v.* to go back, to return

réussir *v.* to succeed

un **réveille-matin** *n.m.* alarm clock

(se) réveiller *v.* to wake up

revenir *v.* to return

rêver *v.* to dream

un **rhume** *n.m.* cold

rire *v.* to laugh

une **rivière** *n.f.* river

un **robinet** *n.m.* tap

un **robot culinaire** *n.m.* food processor

une **roche** *n.f.* rock

les **Rocheuses** *n.f.* Rocky Mountains

ronronner *v.* to purr

le **rythme** *n.m.* rhythm

S

le **sable** *n.m.* sand

un **sac à dos** *n.m.* backpack

une **salle** *n.f.* room

une **salle de bains** *n.f.* bathroom

sans *prép.* without

sauter *v.* to jump, to skip

sauver *v.* to save, to rescue

savoir *v.* to know

le **savon à lessive** *n.m.* laundry detergent

une **scie** *n.f.* saw

un **sculpteur** *n.m.*, une **sculpteure** *n.f.* sculptor

sec, sèche *adj.* dry

un **sèche-cheveux** *n.m.* hair dryer

secret, secrète *adj.* secret

selon *prép.* according to

le **sens** *n.m.* meaning, direction

les **sens** *n.m.pl.* senses

sentir *v.* to smell

séparer *v.* to separate, to split

seul(e) *adj.* alone

seulement *adv.* only

signaler *v.* to indicate

le **ski alpin** *n.m.* downhill skiing

le **ski de fond** *n.m.* cross country skiing

une **sœur** *n.f.* sister

un **sofa** *n.m.* couch

le **soleil de minuit** *n.m.* midnight sun

un **sommet** *n.m.* summit

un **son** *n.m.* sound

une **sonde spatiale** *n.f.* spatial probe

sonner *v.* to ring

sortir *v.* to go out, to get out, to take out

souffler *v.* to blow

des **souliers** *n.m.pl.* shoes

soupçonner *v.* to suspect

un **sourcil** *n.m.* eyebrow

sourd(e) *adj.* deaf

sous *prép.* under, beneath

souterrain(e) *adj.* underground

souvent *adv.* often

un **spectacle** *n.m.* show

un **spectateur** *n.m.*, une **spectatrice** *n.f.* viewer, spectator

la **spéléologie** *n.f.* caving

un(e) **spéléologue** *n.m., f.* cave explorer

un **squelette** *n.m.* skeleton

une **stalactite** *n.f.* stalactite

une **stalagmite** *n.f.* stalagmite

une **station d'altitude** *n.f.* a mountain peak

research station

une **station de sports d'hiver** *n.f.* ski resort

la **Suède** *n.f.* Sweden

suggérer *v.* to suggest

une **suggestion** *n.f.* suggestion

la **Suisse** *n.f.* Switzerland

suivre *v.* to follow

une **superficie** *n.f.* surface

un **supermarché** *n.m.* supermarket

un **système infrarouge** *n.m.* infrared system

T

un **tableau de bord** *n.m.* instrument panel

un **tambour** *n.m.* drum

un **tambourin** *n.m.* tambourine

taper *v.* to beat, to bang, to hit

un **technicien** *n.m.*, une **technicienne** *n.f.* technician

la **technologie adaptative** *n.f.* adaptive technology

un(e) **téléphoniste** *n.m., f.* telephone operator

un **téléscripteur** *n.m.* TTY

une **tempête** *n.f.* storm

le **temps** *n.m.* time, weather

la **terre** *n.f.* earth

Terre-Neuve *n.f.* Newfoundland

tirer *v.* to pull (out), to shoot

un **toit** *n.m.* roof

une **tombe** *n.f.* grave

tomber *v.* to fall

le **tonnerre** *n.m.* thunder

tôt *adv.* early

toucher *v.* to touch; le **toucher** *n.* (sense of) touch

toujours *adv.* always

une **tour** *n.f.* tower

tout(e), tous, toutes *adj.* all *pron.* all

tout à coup *loc. adv.* suddenly

tout à fait *loc. adv.* very, quite

tout de suite *loc. adv.* immediately

tout le monde *exp.* everybody

tout le temps *exp.* all the time

un **traîneau à chiens** *n.m.* dog sled

tranquille *adj.* quiet
transformer *v.* to transforme
un **travailleur** *n.m.* une **travailleuse** *n.f.* worker
à **travers** *prép.* through
un **tremblement de terre** *n.m.* earthquake
très adv. very
trop adv. too, too much
le **trottoir** *n.m.* sidewalk
trouver *v.* to find
tuer *v.* to kill
une **tuile** *n.f.* tile

U

un(e) à la fois *exp.* one at a time
utiliser *v.* to use

V

un **vaisseau** *n.m.* ship
la **vaisselle** *n.f.* dishes
une **vallée** *n.f.* valley
une **vedette** *n.f.* celebrity
vendre *v.* to sell
venir *v.* to come
le **vent** *n.m.* wind
un **verre** *n.m.* glass

vers *prép.* toward
vieux, viel, vieille *adj.* old
une **ville** *n.f.* city
visiter *v.* to visit
visuel(le) *adj.* visual
vivant(e) *adj.* alive
vivre *v.* to live
une **voie** *n.f.* lane
la **Voie lactée** *n.f.* Milky Way
voir *v.* to see
une **voiture** *n.f.* car
la **voix** *n.f.* voice; **à voix haute** *adv.* out loud
vouloir *v.* to want
le **volume** *n.m.* volume
voyager *v.* to travel
vrai, vraie *adj.* real, true
la **vue** *n.f.* (sense of) sight, view

X

un **xylophone** *n.m.* xylophone

Y

les **yeux** *n.m.pl.* eyes
le **yogourt** *n.m.* yogurt

adj.	adjectif
adj. dém.	adjectif démonstratif
adv.	adverbe
conj.	conjonction
exp.	expression
loc.	locution
n.m.	nom masculin
n.f.	nom féminin
pl.	pluriel
prép.	préposition
pron.	pronom
pron. pers.	pronom personel
v.	verbe

A

about *adv.* environ, au sujet de

absolutely *adv.* absolument

accompany *v.* accompagner

actually *loc.* en fait, présentement

adapter *n.* un adaptateur (*n.m.*)

adaptive technology *n.* la technologie adaptative (*n.f.*)

advertisement *n.* une annonce publicitaire (*n.f.*)

advice *n.* un conseil (*n.m.*)

after *prép.* après

against *prép.* contre

agenda *n.* un agenda (*n.m.*)

alarm clock *n.* un réveille-matin (*n.m.*)

alive *adj.* vivant(e)

all *adj.* tout, tous; *pron.* tout(e), tous, toutes

all the time *exp.* tout le temps, toujours

alone *adj.* seul(e)

also *adv.* aussi

always *adv.* toujours

ambitious *adj.* ambitieux, ambitieuse

among(st) *prép.* parmi

amplify *v.* amplifier

animal *n.* une bête (*n.f.*)

announcement *n.* une annonce (*n.f.*)

answer *n.* une réponse (*n.f.*)

ant-hill *n.* une fourmilière (*n.f.*)

apply *v.* appliquer

apprentice *n.* un apprenti (*n.m.*), une apprentie (*n.f.*)

archeologist *n.* un(e) archéologue (*n.m., f.*)

architect *n.* un(e) architecte (*n.m., f.*)

Arctic circle *n.* le cercle arctique (*n.m.*)

arm *n.* le bras (*n.m.*)

around *adv.* autour

ask *v.* demander

ask (questions) *v.* poser (des questions)

at home *prép.* chez moi, chez toi

at somebody's house or place *prép.* chez (quelqu'un)

at the same time *exp.* à la fois, en même temps

attach *v.* attacher

attract *v.* attirer

auditory *adj.* auditive

aurora borealis (northern lights) *n.* l'aurore boréale (*n.f.*)

available *adj.* disponible

B

back up *v.* reculer

backpack *n.* un sac à dos (*n.m.*)

bacteria *n.* une bactérie (*n.f.*)

bad *adj.* méchant(e)

baker *n.* un boulanger (*n.m.*), une boulangère (*n.f.*)

balance *n.* l'équilibre (*n.m.*)

bang *v.* taper, fraper

bark *v.* aboyer, japper

baseball cap *n.* une casquette (*n.f.*)

bat *n.* une chauve-souris (*n.f.*)

bathroom *n.* une salle de bains (*n.f.*)

battle *n.* une bataille (*n.f.*)

be able to *v.* pouvoir

be at ease *v.* être à l'aise

be careful *v.* faire attention

be confortable *v.* être à l'aise

be part of *v.* faire partie de

beach *n.* la plage (*n.f.*)

beat *v.* battre, taper

beautiful *adj.* beau, belle

beaver *n.* un castor (*n.m.*)

beer *n.* la bière (*n.f.*)

before *prép.* avant

begin *v.* commencer

believe *v.* croire

bell *n.* une cloche (*n.f.*)

belong to *v.* appartenir à

beneath *prép.* sous

big *adj.* grand(e), gros, grosse

bird *n.* un oiseau (*n.m.*)

blender *n.* un malaxeur (*n.m.*)

blind *adj.* aveugle

blow *v.* souffler

bone *n.* un os (*n.m.*)

bones (small) *n.* des ossements (*n.m.pl.*)

boots *n.* des bottes (*n.f.pl.*)

braille *n.* le braille (*n.m.*)

brakes *n.* des freins (*n.m.pl.*)

branch *n.* une branche (*n.f.*)

break *v.* casser

breathe *v.* respirer

build *v.* construire

building *n.* un bâtiment (*n.m.*), un édifice (*n.m.*)

bump *n.* une bosse (*n.f.*)

button *n.* un bouton (*n.m.*)

buy *v.* acheter

C

calm (down) *v.* calmer

camel *n.* un chameau (*n.m.*)

can *v.* pouvoir

cancel *v.* annuler

candies *n.* des bonbons (*n.m.pl.*)

car *n.* une voiture (*n.f.*)

car wash *n.* un lave-auto (*n.m.*)

career *n.* une carrière (*n.f.*)

cast *n.* un plâtre (*n.m.*)

castle *n.* un château (*n.m.*)

catch *v.* attraper

cautious *adj.* prudent(e)

cave *n.* une caverne, une grotte (*n.f.*)

cave explorer *n.* un(e) spéléologue (*n.m., f.*)

caving *n.* la spéléologie (*n.f.*)

cavity *n.* une carie dentaire (*n.f.*)

ceiling *n.* un plafond (*n.m.*)

celebrity *n.* une vedette (*n.f.*)

cement *n.* le ciment (*n.m.*)

cheese *n.* le fromage (*n.m.*)

chew *v.* mâcher

chewing gum *n.* la gomme à mâcher (*n.f.*)

choice *n.* un choix (*n.m.*)

choose *v.* choisir

city *n.* une ville (*n.f.*)

clay *n.* l'argile (*n.f.*)

close *v.* fermer; *adj.* proche

close (by) *adv.* près

cloud *n.* un nuage (*n.m.*)

clue *n.* un indice (*n.m.*)

coin *n.* une pièce (*n.f.*)

cold *adj.* froid(e), *n.* un rhume (*n.m.*)

combat *v.* combattre

come *v.* venir

comic strip *n.* une bande dessinée (*n.f.*)

compose *v.* composer

computer software *n.* un logiciel (*n.m.*)

concrete *n.* le béton (*n.m.*)

contain *v.* contenir

contaminated *adj.* contaminé

contest *n.* un concours (*n.m.*)

corn *n.* le maïs (*n.m.*)

cost *v.* coûter

cotton *n.* le coton (*n.m.*)

couch *n.* un divan (*n.m.*), un sofa (*n.m.*)

country *n.* un pays (*n.m.*)

cover *n.* un couvercle (*n.m.*)

crater *n.* un cratère (*n.m.*)

create *v.* créer

credit card *n.* une carte de crédit (*n.f.*)

cross country skiing *n.* le ski de fond (*n.m.*)

crowd *n.* une foule (*n.f.*)

cultivate *v.* cultiver

cut *v.* couper, découper

cymbals *n.* des cymbales (*n.f.pl.*)

D

dam *n.* un barrage (*n.m.*)

damp *adj.* humide

(the) dark *n.* le noir (*n.m.*)

date (a letter) *v.* dater

datebook *n.* un agenda (*n.m.*)

deaf *adj.* sourd(e)

decrease *v.* diminuer

deep *adj.* profond(e)

deficiency *n.* une déficience (*n.f.*)

depth *n.* la profondeur (*n.f.*)

descend *v.* descendre

describe *v.* décrire

desk *n.* un pupitre (*n.m.*)

device *n.* un appareil (*n.m.*)

diarrhea *n.* la diarrhée (*n.f.*)

dictionary *n.* un dictionnaire (*n.m.*)

dig *v.* creuser

digest *v.* digérer

direction *n.* le sens (*n.m.*)

disappear *v.* disparaître

disappearance *n.* une disparition (*n.f.*)

discover *v.* découvrir

dishes *n.* la vaisselle (*n.f.*)

disturb *v.* déranger

dive *v.* plonger

do *v.* faire

doctor *n.* un(e) médecin (*n.m., f.*)

dog sled *n.* un traîneau à chiens (*n.m*)

door *n.* une porte (*n.f.*)

downhill skiing *n.* le ski alpin (*n.m.*)

downtown *n.* le centre-ville (*n.m.*)

dream *v.* rêver

dress *v.* habiller

dressmaker n. un couturier (*n.m.*), une couturière (*n.f.*)

drive *v.* conduire

drop of water *n.* une goutte d'eau (*n.f.*)

drop off *v.* déposer

drum *n.* un tambour (*n.m.*)

duck *n.* un canard (*n.m.*)

during *prép.* pendant

dust *n.* la poussière (*n.f.*)

E

(to be) eager *exp. avoir hâte*

ear *n.* une oreille (*n.f.*)

early *adv.* tôt

earn *v.* gagner

earth *n.* la terre (*n.f.*)

earthquake *n.* un tremblement de terre (*n.m.*)

electronic mail *n.* le courrier électronique (*n.m.*)

elevator *n.* un ascenseur (*n.m.*)

e-mail *n.* un courriel (*n.m.*)

end *v.* finir; *n.* le bout (*n.m.*)

enemy *n.* un ennemi (*n.m.*), une ennemie (*n.f.*)

engineer *n.* un ingénieur (*n.m.*), une ingénieure (*n.f.*)

enormous *adj.* énorme

enough *adv.* assez

enter *v.* entrer

entrance *n.* une entrée (*n.f.*)

enzyme *n.* un enzyme (*n.m.*)

erosion *n.* l'érosion (*n.f.*)

escalator *n.* un escalateur (*n.m.*)

essential *adj.* essentiel, essentielle, indispensable

everybody *exp.* tout le monde

everywhere *adv.* partout

examine *v.* examiner
expedition *n.* une expédition (*n.f.*)
express *v.* exprimer
eyebrow *n.* un sourcil (*n.m.*)
eyelash *n.* un cil (*n.m.*)
eyes *n.* les yeux (*n.m.pl.*)

F

fabricate *v.* fabriquer
fair *n.* une foire (*n.f.*)
fall *v.* tomber
famous *adj.* célèbre
faraway *adj.* lointain(e)
far end *n.* le fond (*n.m.*)
farmer *n.* un agriculteur (*n.m.*),
   une agricultrice (*n.f.*)
fascinating *adj.* fascinant(e)
fasten *v.* attacher
fear *n.* la peur (*n.f.*)
feel like *exp.* avoir envie de
fibreglass *n.* la fibre de verre (*n.f.*)
field (of vision) *n.* un champ (*n.m.*)
fight *v.* combattre; *n.* une bataille (*n.f.*)
find *v.* trouver
fingers *n.* des doigts (*n.m.pl.*)
finish *v.* finir
five *adj.* cinq
floor *n.* un étage (ex. 3e étage), un plancher
   (*n.m.*)
follow *v.* suivre
food *n.* un aliment (*n.m.*)
food poisoning *n.* une intoxication alimentaire
food processor *n.* un robot culinaire (*n.m.*)
on foot *exp.* à pied
footsteps *n.* des pas (*n.m.pl.*)
foreign countries *n.* l'étranger (*n.m.*)
formation *n.* une formation (*n.f.*)
fortification *n.* une fortification (*n.f.*),
   une muraille (*n.f.*)
free *adj.* gratuit(e)
friend *n.* un ami (*n.m.*), une amie (*n.f.*)
frog *n.* une grenouille (*n.f.*)

frozen *adj.* gelé(e)
full *adj.* plein(e)
function *v.* fonctionner
furniture *n.* des meubles (*n.m.*)

G

garbage *n.* des ordures (*n.f.pl.*)
garbage can *n.* une poubelle (*n.f.*)
germ *n.* un microbe (*n.m.*)
get (something) back *v.* récupérer
get out *v.* sortir
get up *v.* se lever
gift *n.* un cadeau (*n.m.*)
give *v.* donner
glacial *adj.* glaciaire
glass *n.* un verre (*n.m.*)
gloves *n.* des gants (*n.m.pl.*)
go *v.* aller, partir
go back *v.* retourner
go back in *v.* rentrer
go down *v.* descendre
go out *v.* sortir
go up *v.* monter
gracious *adj.* gracieux, gracieuse
grave *n.* une tombe (*n.f.*)
great *adj.* génial(e)
grocery store *n.* une épicerie (*n.f.*)
guess *v.* deviner
guide *v.* diriger; *n.* un(e) guide (*n.m., f.*)

H

hail *n.* la grêle (*n.f.*)
hair *n.* des cheveux (*n.m.pl.*)
hair dryer *n.* un sèche-cheveux (*n.m.*)
half-open *adj.* entrouvert(e)
hammer *n.* un marteau (*n.m.*)
hang up *v.* raccrocher
happen *v.* se passer
hard of hearing *adj.* malentendant(e)
have *v.* avoir
have a feeling of *exp.* avoir l'impression de
have a sore throat *exp.* avoir mal à la gorge

have to (must) *v.* devoir
headphones *n.* des écouteurs (*n.m.pl.*)
heap *n.* une foule (*n.f.*)
hear *v.* entendre
hearing (sense of) *n.* l'ouïe (*n.f.*)
helmet *n.* un casque protecteur (*n.m.*)
help *v.* aider
here *adv.* ici
hibernate *v.* hiberner
highway *n.* une autoroute (*n.f.*)
hint *n.* un indice (*n.m.*)
historical *adj.* historique
hit *n.* un coup (*n.m.*)
hobby *n.* un loisir (*n.m.*)
(at) **home** *prép.* chez moi, chez toi
home *n.* un domicile (*n.m.*), une résidence (*n.f.*)
homework *n.* un devoir (*n.m.*)
honk *v.* klaxonner
hope *n.* l'espoir (*n.m.*)
horn *n.* un klaxon (*n.m.*)
hot *adj.* chaud(e)
housekeeping *n.* le ménage (*n.m.*)
housework *n.* le ménage (*n.m.*)
humid *adj.* humide
humidity *n.* l'humidité (*n.f.*)
hump *n.* une bosse (*n.f.*)

I

ice *n.* la glace (*n.f.*)
ice climbing *n.* l'escalade de glace (*n.f.*)
ice fishing *n.* la pêche sur glace (*n.f.*)
illness *n.* une maladie (*n.f.*)
imaginary *adj.* imaginaire
immediately *adv.* tout de suite
in the process of *loc.* en train de
in your opinion *exp.* à ton avis
incredible *adj.* incroyable
indicate *v.* indiquer, signaler
infection *n.* une infection (*n.f.*)
inflate *v.* gonfler
infrared *adj.* infrarouge
infrared system *n.* un système infrarouge (*n.m.*)

insert *v.* insérer
inside *adj.* intérieur(e); *n.* l'intérieur (*n.m.*); *adv.* dedans
instrument panel *n.* un tableau de bord (*n.m.*)
interview *n.* une entrevue (*n.f.*)
intestine *n.* un intestin (*n.m.*)
invent *v.* inventer
invite *v.* inviter
iron *n.* le fer (*n.m.*)

J

join *v.* relier, joindre
jump *v.* sauter

K

kettle *n.* une bouilloire (*n.f.*)
key *n.* une clé (*n.f.*)
kill *v.* tuer
kitchen *n.* la cuisine (*n.f.*)
kitten *n.* un chaton (*n.m.*)
knock *v.* frapper
know *v.* savoir, connaître

L

lake *n.* un lac (*n.m.*)
lamp *n.* une lampe (*n.f.*)
lane *n.* une voie (*n.f.*)
large *adj.* grand(e)
last *adj.* dernier, dernière
laundry detergent *n.* le savon à lessive (*n.m.*)
laugh *v.* rire
leaf *n.* une feuille (*n.f.*)
leaning *adj.* penché(e)
learn *v.* apprendre
leather *n.* le cuir (*n.m.*)
leave *v.* partir
left *adj.* gauche; *adv.* à gauche
lengthen *v.* allonger
library *n.* une bibliothèque (*n.f.*)
lid *n.* un couvercle (*n.m.*)
light *n.* une lumière (*n.f.*), une lampe (*n.f.*)
like *v.* aimer

listener *n.* un auditeur, une auditrice (*n.m., f.*)

(a) **little** *adv.* peu, un peu

little by little *exp.* petit à petit

live *v.* vivre

live in *v.* habiter

llama *n.* un lama (*n.m.*)

location *n.* un endroit (*n.m.*), un lieu (*n.m.*)

locker *n.* un casier (*n.m.*)

look forward *v.* avoir hâte

look like *v.* ressembler

lost *adj.* perdu(e)

a lot *adv.* beaucoup

lower *v.* baisser

lucky *adj.* chanceux, chanceuse

M

magnificent *adj.* magnifique

majestic *adj.* majestueux, majestueuse

make *v.* faire

map *n.* un plan (*n.m.*), une carte (*n.f.*)

mark *v.* marquer, fabriquer

marvellous *adj.* merveilleux, merveilleuse

massive *adv.* massif, massive

maybe *adv.* peut-être

mean *adj.* méchant(e)

meaning *n.* le sens (*n.m.*)

measure *v.* mesurer

medicine *n.* un médicament (*n.m.*)

meet *v.* rencontrer

microbe *n.* un microbe (*n.m.*)

Middle East *n.* le Moyen-Orient (*n.m.*)

midnight *n.* minuit (*n.m.*)

midnight sun *n.* le soleil de minuit (*n.m.*)

Milky Way *n.* la Voie lactée (*n.f.*)

miss *v.* manquer

to be missing *v.* manquer

mix *v.* mélanger; **mix up** (as in confuse) *v.* mélanger

mixer *n.* un mélangeur (*n.m.*)

mixture *n.* un mélange (*n.m.*)

model *n.* une maquette (*n.f.*)

moist *adj.* humide

monster *n.* un monstre (*n.m.*)

mood *n.* humeur (*n.f.*); **in a good mood** *exp.* de bonne humeur

more *adv.* plus

morning *n.* le matin (*n.m.*)

mould *n.* un moule (*n.m.*)

mountain *n.* une montagne (*n.f.*)

mountain peak research station *n.* une station d'altitude (*n.f.*)

move *v.* bouger

movie *n.* un film (*n.m.*)

much *adv.* beaucoup

museum *n.* un musée (*n.m.*)

musical instrument *n.* un instrument de musique (*n.m.*)

mysterious *adj.* mystérieux, mystérieuse

N

natural *adj.* naturel, naturelle

navigate *v.* naviguer

near (by) *adv.* près, près de

need to *exp.* avoir besoin de

needle *n.* une aiguille (*n.f.*)

nephew *n.* un neveu (*n.m.*)

new *adj.* nouveau, nouvelle

never *adv.* jamais

Newfoundland *n.* Terre-Neuve (*n.f.*)

newspaper *n.* un journal (*n.m.*)

next *adv.* ensuite; *adj.* prochaine(e)

nibble *v.* grignoter

niece *n.* une nièce (*n.f.*)

noise *n.* le bruit (*n.m.*)

O

occasionally *adv.* parfois

occupy (a space) *v.* habiter, occuper

offer *v.* offrir

often *adv.* souvent

old *adj.* vieux, vieil, vieille

one at a time *exp.* un(e) à la fois

only *adv.* seulement

open *v.* ouvrir

opposite *n.* le contraire (*n.m.*)

orbit *n.* l'orbite (*n.f.*)

originally *adv.* à l'origine

out loud *adv.* à voix haute

outside *adv.* dehors

overflow *v.* déborder

owe *v.* devoir

P

page *n.* une feuille (*n.f.*), une page (*n.f.*)

paint *n.* la peinture (*n.f.*)

paradise *n.* le paradis (*n.m.*)

part *n.* une partie (*n.f.*)

partially sighted *adj.* malvoyant(e)

partner *n.* un(e) partenaire (*n.m., f.*)

pastime *n.* un loisir (*n.m.*)

pencil *n.* un crayon (*n.m.*)

people *n.* des gens (*n.m.pl.*)

percussion instrument *n.* un instrument à percussion (*n.m.*)

perhaps *adv.* peut-être

period *n.* une période (*n.f.*)

phone *n.* un téléphone (*n.m.*)

photocopier *n.* un photocopieur (*n.m.*)

physiotherapist *n.* un(e) physiothérapeute (*n.m., f*)

pick up (a phone) *v.* décrocher

piece of furniture *n.* un meuble (*n.m.*)

pillow *n.* un oreiller (*n.m.*)

pimple *n.* un bouton (*n.m.*)

pinch one's nose *v.* (se) pincer le nez

place *n.* un lieu, un endroit (*n.m.*)

plan *n.* un plan (*n.m.*)

plaster *n.* le plâtre (*n.m.*)

plate *n.* une assiette (*n.f.*)

play sports *v.* faire du sport

playground *n.* une cour de récréation (*n.f.*)

plug in *v.* brancher

pool *n.* une piscine (*n.f.*)

possessive *adj.* possessif, possessive

precise *adj.* précis(e)

present *n.* un cadeau (*n.m.*)

press *v.* presser

prevent *v.* empêcher

prize *n.* un prix (*n.m.*)

produce *v.* produire

project *n.* un projet (*n.m.*)

properly *adv.* bien, correctement

prosthesis *n.* une prothèse (*n.f.*)

prosthetist *n.* un(e) prothésiste (*n.m., f.*)

protect *v.* protéger

proud *adj.* fier, fière

prudent *adj.* prudent(e)

pub *n.* un bistro (*n.m.*)

pull (out) *v.* tirer

puppy *n.* un chiot (*n.m.*)

purr *v.* ronronner

put *v.* mettre

put down *v.* déposer

Q

qualifying *adj.* qualificatif, qualificative

quality *n.* une qualité (*n.f.*)

quickly *adv.* rapidement

quiet *adj.* tranquille

quite *adv.* tout à fait, assez

R

radio announcer *n.* un animateur (*n.m.*), une animatrice (*n.f.*)

rain n. la pluie (*n.f.*); *v.* pleuvoir

rapidly *adv.* rapidement

react *v.* réagir

reader *n.* un lecteur (*n.m.*) une lectrice (*n.f.*)

reading *n.* la lecture (*n.f.*)

real *adj.* réel, réelle; vrai, vraie

receive *v.* recevoir

record *v.* enregistrer

recover *v.* récupérer

reindeer *n.* un renne (*n.m.*)

remove *v.* enlever

rent *v.* louer

replica *n.* une réplique (*n.f.*)

research *n.* la recherche (*n.f.*)

resemble *v.* ressembler

reserve *v.* réserver

resist *v.* résister

result *n.* un résultat (*n.m.*)

return *v.* rendre, revenir, retourner

revolving restaurant *n.* un restaurant tournant (*n.m.*)

rhythm *n.* le rythme (*n.m.*)

riddle *n.* une devinette (*n.f.*)

ride *n.* une promenade (*n.f.*)

right *adj.* droit(e) *adv.* à droite

right away *loc.* tout de suite

ring *v.* sonner

rise *v.* se lever

river *n.* une rivière (*n.f.*)

rock *n.* une roche (*n.f.*)

rocket *n.* une fusée (*n.f.*)

Rocky Mountains *n.* les Rocheuses (*n.f.*)

roller blades *n.* des patins à roues alignées (*n.m.pl.*)

roller skates *n.* des patins à roulettes (*n.m.pl.*)

roof *n.* un toit (*n.m.*)

room *n.* une chambre (*n.f.*), une salle (*n.f.*)

rope *n.* un corde (*n.f.*)

rubber band *n.* un élastique (*n.m.*)

run *v.* courir, couler (as in a tap)

S

sand *n.* le sable (*n.m.*)

save *v.* sauver

saw *n.* une scie (*n.f.*)

scarf *n.* une écharpe (*n.f.*) un foulard (*n.m.*)

scream *v.* crier

screen *n.* un écran (*n.m.*)

sculptor *n.* un sculpteur (*n.m.*), une sculpteure (*n.f.*)

seat belt *n.* une ceinture de sécurité (*n.f.*)

seaweed *n.* des algues (*n.f.pl.*)

secret *adj.* secret, secrète

secure *v.* attacher

sell *v.* vendre

senses *n.* les sens (*n.m.pl.*)

separate *v.* séparer

serious *adj.* grave

share *v.* partager

sheet *n.* une feuille (de papier) (*n.f.*)

shell *n.* un coquillage (*n.m.*)

ship *n.* un vaisseau (*n.m.*)

shoes *n.* des souliers (*n.m.pl.*)

shop *v.* magasiner; *n.* un magasin (*n.m.*)

shopping center *n.* un centre commercial (*n.m.*)

shoulder *n.* une épaule (*n.f.*)

shoot *v.* tirer

shout *v.* crier

show *n.* un spectacle (*n.m.*), *v.* montrer

sickness *n.* une maladie (*n.f.*)

sidewalk *n.* le trottoir (*n.m.*)

sight (sense of) *n.* la vue (*n.f.*)

sing *v.* chanter

singer *n.* un chanteur (*n.m.*), une chanteuse (*n.f.*)

sister *n.* une sœur (*n.f.*)

site *n.* un endroit (*n.m.*), un lieu (*n.m.*)

skateboard *n.* une planche à roulettes (*n.f.*)

skates *n.* des patins (*n.m.pl.*)

skating rink *n.* une patinoire (*n.f.*)

skeleton *n.* un squelette (*n.m.*)

skin *n.* la peau (*n.f.*)

ski resort *n.* une station de sports d'hiver (*n.f.*)

skiing with a parachute *n.* le parapente (*n.m.*)

skill *n.* une habileté (*n.f.*)

skyscraper *n.* un gratte-ciel (*n.m.*)

slam *v.* claquer

sleep *v.* dormir

sleep in *v.* faire la grasse matinée

slide *v.* glisser

slow *adj.* lent(e)

smell *v.* sentir

(sense of) smell *n.* l'odorat (*n.m.*)

snap (fingers) *v.* faire claquer (ses doigts)

sneeze *v.* éternuer

snack *n.* un casse-croûte (*n.m.*)

snow *n.f.* la neige

snowboard *n.* une planche à neige (*n.f.*)

snow-covered *adj.* enneigé(e)

snowshoeing *n.* la raquette (*n.f.*)

snowshoes *n.* des raquettes (*n.f.pl.*)

soccer championship *n.* un championnat de soccer (*n.m.*)

soda pop *n.* une boisson gazeuse (*n.f.*)

soft *adj.* doux, douce

solid *adj.* massif, massive, solide

something *loc.* quelque chose

sometimes *adv.* parfois

song *n.* une chanson (*n.f.*)

sound *n.* un son (*n.m.*)

sounding *n.* une sonde (*n.f.*)

sound effect *n.* un effet sonore (*n.m.*)

space shuttle *n.* une navette spatiale (*n.f.*)

spatial probe *n.* une sonde spatiale (*n.f.*)

speak *v.* parler

species *n.* une espèce (*n.f.*)

spectator *n.* un spectateur (*n.f.*), une spectatrice (*n.f.*)

spider *n.* une araignée (*n.f.*)

spoon *n.* une cuillère (*n.f.*)

spread out *adj.* étendu(e); *v.* étendre

square metre *n.* un mètre carré (*n.m.*)

stairs *n.* l'escalier (*n.m.*)

stalactite *n.* une stalactite (*n.f.*)

stalagmite *n.* une stalagmite (*n.f.*)

start *v.* commencer

stay *v.* rester

steel *n.* l'acier (*n.m.*)

steer *v.* diriger

step *n.* une étape, une marche (*n.f.*), un pas (*n.m.*)

stone *n.* une pierre (*n.f.*)

stop *v.* arrêter

storm *n.* une tempête (*n.f.*)

strange *adj.* étrange

string *n.* un fil (*n.m.*)

structure *n.* une construction (*n.f.*)

stylish *adj.* chic

succeed *v.* réussir

suddenly *adv.* tout à coup

suggest *v.* suggérer

suggestion *n.* une suggestion (*n.f.*)

supermarket *n.* un supermarché (*n.m.*)

surface *n.* une superficie (*n.f.*)

suspect *v.* soupçonner; *n.* un(e) suspect(e) (*n.m., f.*)

suspension bridge *n.* un pont suspendu (*n.m.*)

Sweden *n.* la Suède (*n.f.*)

swimming *n.* la natation (*n.f.*)

Switzerland *n.* la Suisse (*n.f.*)

T

take *v.* prendre

take off the hook *v.* décrocher

take out *v.* sortir

talk *v.* parler

tall *adj.* grand(e)

tambourine *n.* un tambourin (*n.m.*)

tap *n.* un robinet (*n.m.*)

taste *n.* le goût (*n.m.*)

teacher *n.* un enseignant (*n.m.*), une enseignante (*n.f.*); un professeur (*n.m.*), une professeure (*n.f.*)

technician *n.* un technicien (*n.m.*), une technicienne (*n.f.*)

telephone operator *n.* un(e) téléphoniste (*n.m., f.*)

tell *v.* raconter, dire

tennis match *n.* un match de tennis (*n.m.*)

thank *v.* remercier

thanks to *loc.* grâce à

then *adv.* ensuite, puis, alors

thing *n.* une chose (*n.f.*)

this, that *adj. dém.* ce/cette

throat *n.* la gorge (*n.f.*)

through *adv., prép.* à travers, pendant

throw *v.* jeter, lancer

thunder *n.* le tonnerre (*n.m.*)

ticket *n.* un billet (*n.m.*)

tidy up *v.* ranger

tie together *v.* attacher

tile *n.* une tuile (*n.f.*)

time *n.* l'heure (*n.f.*), le temps (*n.m.*)

tiny *adj.* minuscule

too *adv.* aussi, trop

too much *adv.* trop

tooth decay *n.* une carie dentaire (*n.f.*)

top *n.* un couvercle (*n.m.*), le dessus (*n.m.*)

touch *v.* toucher; **sense of touch** *n.* le toucher (*n.m.*)

toward *prép.* vers

tower *n.* une tour (*n.f.*)

trail *n.* une piste (*n.f.*)

train *v.* s'entraîner; *n.* un train (*n.m.*)

transform *v.* transformer

travel *v.* voyager

trip *n.* un voyage (*n.m.*)

truck *n.* un camion (*n.m.*)

true *adj.* vrai, vraie

try *v.* essayer

TTY *n.* un téléscripteur (*n.m.*)

TV announcer *n.* un animateur (*n.m.*), une animatrice (*n.f.*)

twin *n.* un jumeau (*n.m.*), une jumelle (*n.f.*)

U

under *prép.* sous

underground *adj.* souterrain(e)

understand *v.* comprendre

use *v.* utiliser

V

valley *n.* une vallée (*n.f.*)

very *adv.* très, tout à fait

video arcade *n.* une galerie de jeux (*n.f.*)

view *n.* une vue (*n.f.*)

viewer *n.* un spectateur (*n.m.*), une spectatrice (*n.f.*)

visit *v.* visiter; *n.* une visite (*n.f.*)

visual *adj.* visuel(le)

voice *n.* une voix (*n.f.*) **out loud** *adj.* à voix haute

volcanic eruption *n.* une éruption volcanique (*n.f.*)

voyage *n.* un voyage (*n.m.*)

W

wait (for) *v.* attendre

wake up *v.* (se) réveiller

walk *n.* la marche (*n.f.*); une promenade (*n.f.*), *v.* marcher

wall *n.* un mur (*n.m.*), une muraille (*n.f.*)

want *v.* vouloir

wash *v.* laver

watch *n.* une montre (*n.f.*)

water *n.* l'eau (*n.f.*)

wax *n.* la cire (*n.f.*)

wax figure *n.* un personnage en cire (*n.m.*)

wear *v.* porter

weather *n.* le temps (*n.m.*)

weigh *v.* peser

well *adv.* bien; *n.* un puits (*n.m.*)

wheelchair *n.* un fauteuil roulant (*n.m.*)

white *adj.* blanc, blanche

win *v.* gagner

wind *n.* le vent (*n.m.*)

window *n.* une fenêtre (*n.f.*)

with *prep.* avec

with the naked eye *exp.* à l'œil nu

without *prép.* sans

wood *n.* le bois (*n.m.*)

word *n.* un mot (*n.m.*), une parole (*n.f.*)

worker *n.* un travailleur (*n.m.*), une travailleuse (*n.f.*)

workshop *n.* un atelier (*n.m.*)

world *n.* le monde (*n.m.*)

worry *v.* s'inquiéter

X

xylophone *n.* un xylophone (*n.m.*)

Y

yeast *n.* la levure (*n.f.*)

yogurt *n.* le yogourt (*n.m.*)

Index des références

Références bibliographiques

ILLUSTRATIONS

pp. 6–7 : Steve MacEachern; pp. 8–11 : Craig Terlson; p. 14 : Louise Cliche; p. 23 : Michael Sloan; pp. 25–26 : Nicolas Debon; pp. 30–34, 37–41, 46, 49, 52-55, 67, 70–71, 73 : Tina Holdcroft; p. 59 : Louise Cliche; pp. 76–79, 96–98, 101–103 : Nicolas Debon; pp. 104–105 : Deborah Crowle; p. 105 : Louise Cliche; p. 121 : Tina Holdcroft

PHOTOGRAPHIE

pp. 6–7, 17–18, 21, 24–25, 27, 29, 35–36, 42, 44, 47, 56, 59, 65, 71, 80, 84–86, 91, 95, 98, 100, 110, 117, 122–125 : Ray Boudreau

PHOTOS

p. 12 : *Tecnica (Moon boot)*, K.B Toys; p. 13 : Dennis Galante/ Stone; p. 14 : Masterfile (aussi pp. 23, 29, 37, 44, 49, 59, 67, 73, 82, 88, 93, 102, 112, 119, 123); p. 15 : Stone (aussi pp. 23, 29, 37, 44, 49, 59, 67, 73, 82, 88, 93, 103, 112, 119, 123); p. 16 : Walter Hodges/Stone; p. 17 : (milieu) Andrew Olney/Stone, (bas) G. Robert Bishop/Stone; p. 19 : Oleg Micheyev/Yes/No Productions/ TMG The Marketing Group; p. 20 : (2) Lois Greenfield/Yes/No Productions/TMG The Marketing Group; p. 22 : (haut) Chuck Smith/ First Light, (bas) Donna Day/Stone; p. 27 : Tim Davis/Stone; p. 28 : (haut) Brad Hitz/Stone, (milieu) Donna Day/Stone, (bas) Stuart Westmoreland/Stone; p. 31 : (haut à gauche) Derek Berwin/Image Bank, (haut à droite) Photo Researchers, Inc./Meckes/Ottawa/Eye of Science, (bas à gauche) R.L. Carson/Custom Medical Stock Photo, (bas à droite) Photo Researchers, Inc./SCIMAT; p. 33 : (site Web) *Netscape Communicator browser window © 1999 Netscape Communications Corporation. Used with permission. Netscape Communications has not authorized, sponsored, endorsed, or approved this publication and is not responsible for its content*; (haut) Custom Medical Stock Photo/C1991 CMSP, (milieu) Photo Researchers, Inc./Moredun Animal Health Ltd./Science Photo Library, (bas) Custom Medical Stock Photo/C1999 CMSP; p. 42 : Chris Warley/Stone; p. 43 : Tipp Howell/FPG International LLC/VCL; p. 45 : Photo Researchers, Inc./SCIMAT; p. 46 : Photo Researchers, Inc./Science Pictures Ltd./Science Photo Library; p. 50 : (haut) Paul Almasy/CORBIS/Magma, (bas) Bob Krist/CORBIS/Magma; p. 51 : (haut à gauche) Gayle Harper/In-Sight Photography, Inc., (haut à droite) Gayle Harper/In-Sight Photography, Inc., (bas à gauche) Gayle Harper/In-Sight Photography, Inc., (bas à droite) Kim Sayer/ CORBIS/Magma; p. 56 : Richard T. Nowitz/CORBIS/Magma; p. 57 : (haut) John Henry Williams/Bruce Coleman Inc., (milieu) John Henry Williams/Bruce Coleman Inc., (bas) John Henry Williams/ Bruce Coleman Inc.; p. 58 : (haut) John Slater/CORBIS/Magma, (bas) Richard T. Nowitz/CORBIS/Magma; pp. 60–61 : (2 cartes) Photo Disc, Inc. (haut à gauche) Charles Benes/Image Network, (bas à gauche) Steve Giordano, (haut à droite) T&G Baldizzone/ CORBIS/MAGMA, (milieu à droite) Barrett & Mackay, (bas à droite) Galen Rowell/CORBIS/ MAGMA, (arrière-plan) Allen Russell/Index Stock/Image Network; pp. 62–63 : (2 à gauche) Tomas Utsi, www.naturfoto.com, (haut à droite) P. Royer/Harstock, (milieu à droite) Ric Ergenbright/CORBIS/MAGMA, (bas à droite) Wolfgang Kaehler/CORBIS/MAGMA; p. 64 : (à gauche) Galen Rowell/CORBIS/ MAGMA, (au milieu) Wolfgang Kaehler/CORBIS/MAGMA, (à droite) Patrick Ward/CORBIS/MAGMA; p. 66 : John Warden/Stone; p. 67 : B.C. Alexander/First Light; p. 68 : (à gauche) Index Stock/Image Network, (à droite) Mach 2 Stock Exchange/Image Network; p. 69 : (bas à gauche) Mach 2 Stock Exchange/Image Network, (haut à droite) Kurt Olesek/Image Network; p. 70 : P. Royer/Harstock; p. 72 : Galen Rowell/CORBIS/MAGMA; p. 74 : (haut) Stewart Cohen/Stone, (bas) Susan Werner/Stone; p. 75 : (haut) Klaus Lahnstein/Stone, (bas à gauche) Tony Arruza/Stone, (bas à droite) Mary Kate Denny/Stone; p. 76 : American Printing House For The Blind; p. 77 : (haut) Sennheiser (Canada) Inc., (bas) Freedom Scientific, Inc. Blind/Low Vision Group; p. 78 : Ultratech, Inc.; p. 79 : Shake Awake; p. 80 : David Myers/Stone; p. 81 : (haut) Will & Deni McIntyre, (bas) Robert E. Daemmrich/Stone; p. 82 : © Otto Bock Orthopedic Industry; p. 83 : Chris Windsor/Stone; p. 86 : Gary Randall/FPG; p. 87 : Mad Cow Studio/First Light; p. 90 : Andrew Errington/Stone; p. 91 : David Waldorf/FPG; p. 92 : Billy Hustace/Stone; p. 93 : © Otto Bock Orthopedic Industry of Canada Ltd.; p. 94 : Tim Flach/ Stone; pp. 94–95 : (arrière-plan) Hans Strand/Stone; p. 98 : First Light; p. 99 : Animals Animals; p. 100 : Art Wolfe/Stone; p. 101 : First Light; p. 104 : Trinity Park Lofts Inc.; p. 106 : Daniel H. Sandweiss/University of Maine; p. 107 : (haut) Andy Caulfield/ Image Bank, (bas) Thierry Cazabon/Stone; p. 108 : (haut) Victor Englebert, (bas) B. Milne/ First Light; p. 109 : Seto Ohashi/Ivy Images; p. 110 : Rod Currie/Stone; p. 112 : Paul McCormick/Image Bank; p. 113 : (haut) Daniel Arsenault/Image Bank, (bas) Peter Hendrie/Image Bank; p. 114 : (haut à gauche) L.D. Gordon/Image Bank, (haut à droite) George Gerster/Photo Researchers Inc., (bas à gauche) Rod Planck/Photo Researchers Inc., (bas à droite) Doug Armand/Stone; p. 115 : (haut à gauche) Robert Cameron/Stone, (haut à droite) Bill Ivy/Ivy Images, (bas à gauche) Michael Frye/ Stone, (bas à droite) Richard Cummins Photography; p. 116 : (milieu) David W. Hamilton/Image Bank; p. 117 : Bald Headed Pictures/FPG; p. 118 : (haut) Darrell Gulin/Stone; p. 119 : Chad Slattery/Stone; p. 122 : Pat Canova/Index Stock; p. 124 : *Tecnica (Moon boot)*

REMERCIEMENTS

Pearson Education Canada tient à remercier les nombreux enseignants et enseignantes et leurs élèves qui ont participé à notre projet d'expérimentation éditoriale.

Les éditeurs tiennent à remercier toutes les personnes qui se sont prêtées à nos séances de photos. Un grand merci à *John Fluevog Shoes* pour la photo de la *Couture Vog Vision* et à *Tecnica* pour la photo de la *Moon boot*.

Les éditeurs ont tenté de retracer les propriétaires des droits d'auteurs de tout le matériel dont ils se sont servis. Ils acceptent avec plaisir toute information qui leur permettra de corriger les erreurs de références ou d'attribution.